「自分で食べる!」が食べる力を育てる

赤ちゃん主導の離乳(BLW)入門

ジル・ラプレイ+トレーシー・マーケット
坂下玲子❖監訳
築地誠子❖訳

原書房

Baby-led Weaning Gill Rapley and Tracey Murkett

▶ウィル（5か月）は物を正確に自分の口まで運べるほど手と目の協調運動ができるので、唇と舌を使ってそれが何なのかを調べられる。

▼ジャック（6か月）にとって、このバナナはまったく初めての研究対象だ——まず触れて、よく見て、匂いを嗅いで、それから味わう。

▶ジョージ（6か月）は、お姉ちゃんのお皿からニンジンをつかもうとしている。ジョージが離乳食への準備ができたことがわかる。

◀もうすぐ6か月になるジョアキムは、このひと切れの肉に興味津々だ。ジョアキムにとって初めての離乳食になるかもしれない。

◀フェリックス（6か月）は両手を使ってトーストを自分の口まで運べるが、トーストの先端を握っているのでこれでは食べられない。

▼オーエン（6か月）はママのお皿にあったビーツがつるつるしているので、どうやったらつかみ続けていられるのかを研究中。

▲ジョアキム（6か月）は自分の食べ物は調べつくしたので、今度はきょうだいのベンジャミンの食べ物をねらっている。

▶このような形や大きさの野菜なら、リリーのような6か月の赤ちゃんでもつかめる。

▶ヴァレンティーナ（6か月）はスターフルーツに夢中だ。手で触ったりつかんだりして、その形や舌ざわりや味を知るようになる。

◀ララ（7か月）はメロンを噛んでいるあいだ、自分の指を使えばメロンが口からこぼれないことに気づいた。

▶ローラ（8か月）は、ブロッコリーの花芽と茎は味も舌ざわりも違うことに気づき始めた。

◀エイダン（7か月）はヌードルはどう扱えばいいのか研究中。

◀ジェイミー（7か月）とおじいちゃんは、ときどきパブでランチを楽しむ。

▶ジョージ（7か月）とママは、地元のカフェで食事をする。

▼ハンナ（8か月）は自分のファラフェル（ひよこ豆のコロッケ）だけでなく、パパが手に持っているピタパンにはさんだファラフェルもちょっと食べてみたい。

▶オスカー（8か月）は、パイナップルの皮から果肉を引き離す方法を何とか考え出した。

◀ロバート（8か月）はイチゴを少しずつかじれるように、注意深く手でイチゴをつかんでいる。

▶セレン（9か月）は2本しか歯が生えていないが、リンゴをかじるのに何の問題もない。

◀キャタリーナ（8か月）は両手にスイカをひと切れずつ持ち、代わり番こに食べている。

▶オルバン（10か月）はフムス（ひよこ豆のペースト）のような「ソフト食」に指を浸して食べる方法を発見した。

▲▶リラ（9か月）はひき肉料理を親指と人差し指を使って上手につまむことができるが、口の中に入れるときは真剣そのものだ。

◀ベンジャミン（9か月）は大きめに切った食べ物を簡単につかむことができるし、お皿に心を奪われて食べるのがおろそかになることもない。

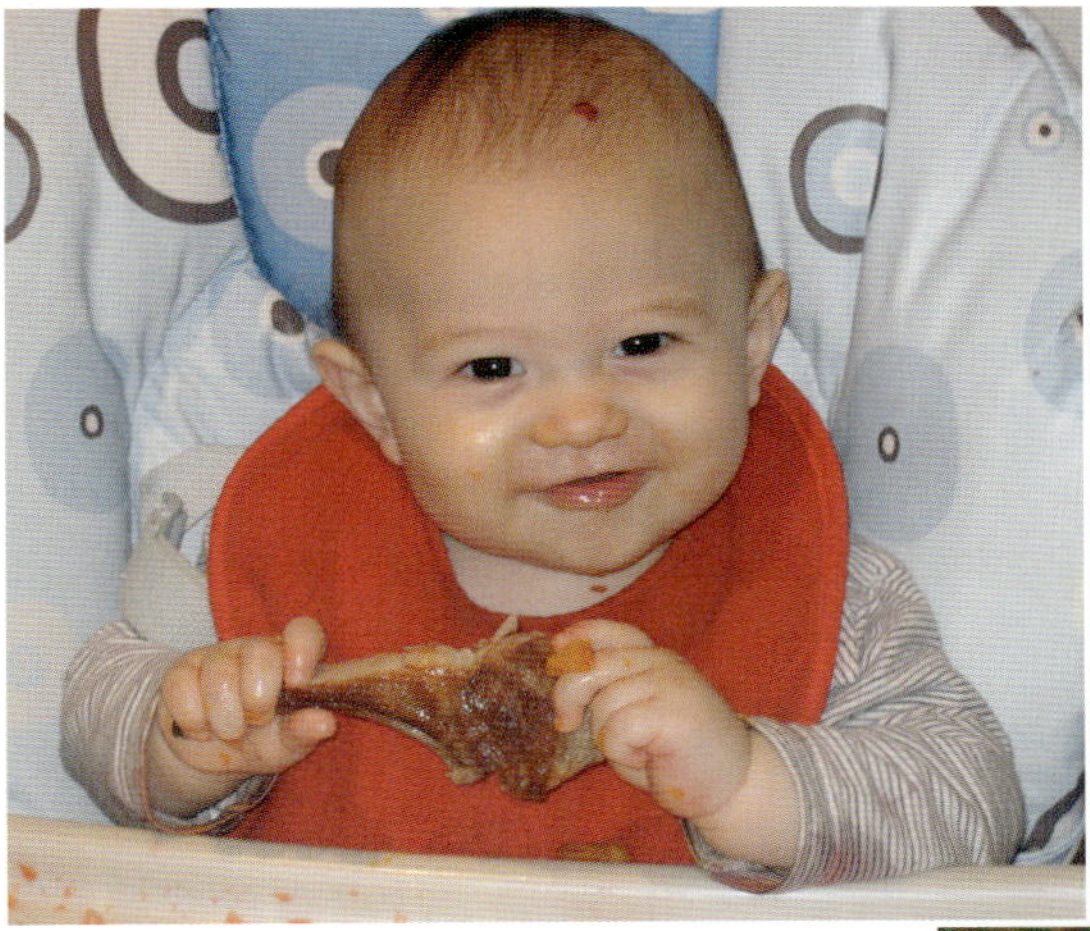

◀エイダン（10か月）はこのラムチョップを全部食べはしないけれど、かじったりしゃぶったりして多くの栄養を摂取できる。

▶ペドロ（11か月）は両手を使って食べ物を自分の口まで正確に持っていける。

◀オスカー（10か月）はスプーンをうまく使いこなせるが、自分の手を使うと便利なこともわかっている。

▶1歳のチャーリー（シャーロットの愛称）はサンデーロースト（ローストした肉と野菜などからなるイギリスの伝統的な食事）を家族と一緒に食べながら、フォークの使い方を練習中。

◀家族や友人と出かけたピクニックで、マデリン（1歳3か月）がパスタサラダをパクパク食べる。

▶オーエン（1歳5か月）は自分で料理をお皿に取りながら、自分の食欲はもちろんのこと取り分ける量やお皿までの距離を判断することを学習中。

「自分で食べる！」が食べる力を育てる　赤ちゃん主導の離乳（ＢＬＷ）入門

第2章　赤ちゃん主導の離乳の効果とは?――47

第3章　さあ始めよう ―― 84

［……］は訳者による注記である。

まえがき

赤ちゃんが初めて離乳食を口にする瞬間は、多くのお母さんやお父さんにとって忘れがたい出来事だ――それは赤ちゃんの人生におけるワクワクするような新しい章の始まりだ。赤ちゃんが離乳食を初めて口に入れたとき、お母さんやお父さんは「よく食べる子」になりますようにと心のなかで願う。赤ちゃんが食べることを楽しみ、健康的な食事をすることを望み、家族の食事の時間がおだやかで楽しいものになることを願う。

ところが多くのお母さんやお父さんは、固形食への移行は自分たち親子にとって大変なことだと気づいてしまう。赤ちゃんが離乳食を食べるようになるのか、あるいは赤ちゃんの偏食や赤ちゃんとの食事中の争いに立ち向かうことになるのか――そういったよくある問題に悪戦苦闘する。そして多くの場合、大人と子供の食事時間と料理を別々にすることで問題の解決を図ろうとする。

赤ちゃんの大人の食事への旅は、ある日お母さんやお父さんから人生初の裏ごしした食べ物をスプーンで与えられることから始まる。けれども、もしこんなふうに始まらなかったら、いったい何が起こるのだろうか？　離乳をいつ、どんなふうに始めるのかを赤ちゃん自身に決めさせたら、どうなるのだろうか？　スプーンで与える代わりに「適切な」食べ物を赤ちゃん自身に手でつかませたら、どうなるのだろうか？　言い換えれば、赤ちゃんに主導させたら、何が起こるのだろうか？

そう、あなたと赤ちゃんはこの冒険の旅がもっと楽しいことにきっと気づくだろう――そんな家族が実際に増えているのだから。赤ちゃんは食べる準備ができたら教えてくれるだろうし、ごく最初のうちからあなたの料理を分け合うことになるだろう。ピューレにしたり、煮てつぶしたりしたものではなく、食べ物そのものを赤ちゃんが味見したり、チェックしたり、自分で食べたりして、体にいい家庭料理について学んでいくだろう。赤ちゃんは6か月くらいの月齢になれば、こうしたことをすべてできるようになるのだ。

もちろん、6か月の赤ちゃんに手でつかめるものを与えるのは、とりたてて画期的なこととは言えない。では赤ちゃん主導の離乳（BLW）はどこが違うかと言えば、赤ちゃんはどんな食べ物も自分で食べるということだ。そしてピューレや「ベビーフード」をスプーンで食べさせるのは時代遅れになるということだ。

赤ちゃん主導の離乳は、赤ちゃんの咀嚼《そしゃく》能力、手指の巧緻性《こうちせい》、手と目の協調運動を発達させる。お母さんやお父さんの助けを借りて、赤ちゃんは多種多様な健康的な食べ物を知り、大切な社交性を身につけるようになる。そして必要な分だけを食べるようになるので、大きくなったときに肥満になることもない。だが何よりも――赤ちゃんはBLWを楽しむようになり、その結果、食事の時間が幸せな、自信に満ちたものになるのである。

赤ちゃん主導の離乳は安全で、自然で、簡単だ。そして子育てにおける優れた考えのほとんどがそうであるように、目新しいことではない。何世代にもわたってお母さんやお父さんはわが子をただ観察するだけでＢＬＷに気づいていた。赤ちゃん主導の離乳は赤ちゃんが母乳、ミルク、混合のどれであってもうまくいく。ＢＬＷとスプーンで与えるやり方の両方を試みたお母さんやお父さんによれば、ＢＬＷのほうがはるかに簡単で楽しいそうだ。

ＢＬＷにはしたがうべき「進め方」もなければ、完了すべき段階もない。赤ちゃんは「本物」の食べ物を食べられるようになるまでに、ピューレからつぶしたものへ、小さく切った食べ物へと続く道を苦労して進まなくていい。そしてお母さんやお父さんも、離乳食の複雑な進め方にしたがう必要はない。ただリラックスして、赤ちゃんの食べ物の冒険を楽しめばいい。

赤ちゃんの離乳食（または「補完食」）を紹介する本にはたいてい、レシピや献立表がのっている。本書はまったく違う。赤ちゃんに何を与えるかではなく、赤ちゃんが自分で食べるようになるにはどうしたらいいのかについて書かれている。本書は、離乳を始める方法としてＢＬＷはなぜ合理的なのか、赤ちゃんの本能と能力を信用することがなぜ理にかなっているのかを解き明かす。さらに、ＢＬＷを始めるうえでの具体的なアドバイスと、その先に何が起こるのかをくわしく述べる。つまり本書によって、ストレスのない子育てについての極秘情報だったものが明らかになるのだ。

「赤ちゃんの食事」の献立を考えるということは、家族が食べる普通の料理を赤ちゃんは食べられない、あるいは家族とは別に用意しなければならないということだ。しかし、その家庭料理が体によい栄養に富んだものである限り、料理の大部分は6か月の赤ちゃんでも一緒に食べられるように簡単に工夫できる。本書では、あなたがＢＬＷを始められるように、最初に与えたほうがいい食べ物と与えてはいけない食べ物を参考としてのせた。家族全員の食事を作るためのヒントやアイデアがもっと必要ならば、わたしたちの著書『赤ちゃん主導の離乳のレシピ *The Baby-Led Weaning Cookbook*』と『赤ちゃん主導の離乳のスピード料理 *The Baby-led Weaning Quick and Easy Recipe book*』［いずれも未邦訳］をのぞいてみてほしい。またBLWを自分たちの食事を見直す好機ととらえたお母さんやお父さんも多かったので、家族全員にとって健康的な栄養バランスの取れた食事にするためのガイドラインものせた。

赤ちゃん主導の離乳を実践するのはとても楽しい――赤ちゃんにとってはもちろん、あなたにとっても。よその赤ちゃんがBLWを始めるのを見たことがあったとしても、自分の子供がさまざまな食べ物をつかむのがどんどんうまくなり、よその赤ちゃんと比べて新しい食べ物に積極的に挑戦するのを見て、あなたはきっと感動するだろう。赤ちゃんは何でも自分でやるのがうれしいのだ。そしてそうやって学んでいくのである。

BLWを取り入れた多くのお母さんやお父さんが自分たちの経験談を話してくれたおかげで、わたしたちは本書の初版本を書くことができた。今回の改訂版にはさらに知見が加わり、家族から寄せられた体験談ものせた。昔は赤ちゃんにスプーンで食べさせるのがひと苦労だったと語る人もいれば、6か月の赤ちゃんがスプーンで与えられるのを嫌がり、困った末にBLWを試してみたという人もいた。また、BLWはやさしくて実践的であるという評判に魅かれて始めたという新米のお母さんやお父さんもいた。わたしたちが絶えず耳にするのは、どの赤ちゃんもBLWがとても気に入り、食べるのが好きな社交的な子供に育ったということだ。

初版本が刊行されてから数年になるが、BLWは多くの人の離乳の始め方にますます影響を与えてきた。ＢＬＷは理にかなっていることを世界中の家族がほかのお母さんやお父さん、親戚や医療従事者に示してきた。ＢＬＷは離乳を始めるための全国的かつ地域的なガイドラインに影響を与え、数か国で進行中のさまざまな研究にも刺激を与えてきた。スプーンで赤ちゃんにピューレを与えるのは、不必要な、時代遅れの考え方であると思われるようになった。

赤ちゃん主導の離乳の「古典」となった本書の最新完全改訂版によって、赤ちゃんが家族の食事を一緒に食べるようになるまでの道のりがどんなに楽なことなのかを読者が知り、これから続く赤ちゃんの一生が、健康的で楽しい食生活に基づくものになるよう、その手助けができればとわたしたちは願っている。

第1章　赤ちゃん主導の離乳とは何か？

食事の時間が悪夢のように思えるお母さんやお父さんは多いわ。それは大変なバトルなんでしょうけど、エミリーについて言えばうまくいっているわ。わたしたちは食事の時間を心から楽しんでいる。食べ物が問題じゃないのよ。

——ジェス／エミリー（2歳）のお母さん

家族と同じものを食べさせるのは、とても簡単なことです。上の子供たちにスプーンで食べさせていた頃のように、食べてくれるかどうかを気に病む必要なんてないんですから。このやり方はとても自然に思えます——それにすごく楽しいわ。

——サム／ベラ（8歳）、アレックス（5歳）、ベン（8か月）のお母さん

離乳とは何か？

離乳とは、赤ちゃんが母乳やミルクを唯一の食べ物として摂取することから、母乳やミルクをまったく摂取しなくなるまでの段階的な変化のことである。この移行には少なくとも6か月かかり、とくに母乳で育った赤ちゃんの場合は数年かかることもある。本書は主としてこのプロセスの始まりについての話であり、それは赤ちゃんが初めて固形食をひと口食べるところから始まる。

初めての離乳食（「補完食」とも呼ばれる）は、母乳やミルクに取って代わるのではなく、母乳やミルクに加える（つまり補完する）ためのものである。それにより赤ちゃんの食事はだんだんとバラエティーに富んだものになる。

昔ながらの離乳のやり方は、お母さんやお父さんが主導するものだ。赤ちゃんにスプーンで与えようとするとき、いつから、どんなふうに始めるかはお母さんやお父さんが決める。母乳やミルクを与えるのをやめるときも、いつ断乳するかを決めるのも大人だ。これは「親主導の離乳」と呼べるだろう。だが「赤ちゃん主導の離乳（ＢＬＷ）」はこれとは違う。ＢＬＷは離乳の全過程を赤ちゃんに主導させるので、赤ちゃんは自分の本能と能力を使うことになる。赤ちゃん自身がいつから離乳を始めて、いつ終わらせるかを決める。赤ちゃんの能力が発達していくようすを間近で見れば、ＢＬＷが完全に理にかなっていることがわかるだろう。

BLWはどこが違うのか？

赤ちゃんに初めて離乳食を与える場面を想像してほしい。スプーンを持った大人と数口分のニンジンかリンゴのピューレを思い浮かべるのが普通だろう。赤ちゃんはスプーンを受け入れようと大きく口を開けることもあるが、口に入ったとたん、吐き出したり、スプーンを押しのけたり、泣き出したりして、食べるのを嫌がるだろう。そんなとき、多くのお母さんやお父さんは赤ちゃんが食べ物をもう一度口に入れるように、「ほら、電車が来たよ！」などと言って赤ちゃんの気をそらせる。つまり、赤ちゃんの離乳食は家族の食事とは違うし、食べる時間も違うということだ。

こうした離乳の与え方が疑問視されることは、わずか数年前まではまずなかった。ほとんどの人が、離乳食と言えばスプーンで与えるのが普通だと考えてきた。しかし「spoon-feeding（スプーンで与えること）」を辞書で調べると、「多くの助けや情報を（人に）与えて自分で考えなくて済むようにさせること」[1]「人に対して自立した考えや行動を思いとどまらせようとすること」[2]という意味もある。一方、赤ちゃん主導の離乳は、赤ちゃんが出す合図にしたがうことによって、赤ちゃんの自信と独立心をうながすことになる。離乳を始めるのは、赤ちゃんが自分で食べ始め、赤ちゃん独自のペースで進みだしたときである。赤ちゃんは本能にしたがってお母さんやお父さんや年上のきょうだいのまねをし、自分のペースで学んでいきながら、自然な楽しいやり方で自分の食べる能力を発達させる。

機会さえ与えられれば、ほぼすべての赤ちゃんは食べ物を手でつかんだり、それを口に持っていったりして、母乳やミルク以外のものを食べる準備ができていることを示す。お母さんやお父さんに離乳を始める時期を決めてもらう必要もなければ、スプーンで与えられる必要もない――赤ちゃんが自分でやれるのだから。

それではBLWでは具体的に何をすればいいのだろうか。

・食事の時間に赤ちゃんは家族と食卓につき、一緒に食べる。
・赤ちゃんが食べ物を手でつかんで興味を示したらすぐに、食べ物で遊んだりするようにうながす――食べるかどうかは気にしなくていい。
・食べ物はピューレにしたり、煮てつぶしたりするのではなく、赤ちゃんが楽につかめるくらいの大きさと形にして与える。
・誰かにスプーンで与えられるのではなく、最初から赤ちゃんが自分で食べる。
・どれくらいの量を食べるか、どれくらいの速さで食べ物の種類を増やしていくかは、赤ちゃんに決めさせる。
・赤ちゃんが欲しがるあいだは授乳（母乳かミルク）を続ける。そして減らし始める準備が赤ちゃんにできたら、赤ちゃんがそれを決める。

最初に固形物を食べたときにどんな経験をしたか――それは食事に対する気持ちに何年にもわた

って影響を与える。それゆえそうした経験を楽しいものにしようとするのは理にかなっている。けれども多くの赤ちゃんにとって（そしてお母さんやお父さんにとっても）、離乳の始まりはあまり楽しいものではない。もちろん、従来のスプーンで与えられるやり方をすべての赤ちゃんが嫌がるわけではないが、多くの赤ちゃんはそれを心から楽しんでいるというより、あきらめてしたがっているように見える。一方、家族と一緒に自分で食べる機会を与えられた赤ちゃんは、食事の時間を楽しんでいるようだ。

ライアンが6か月くらいのときに、同じ月齢の赤ちゃんのママ友たちと外で集まったの。みんな赤ちゃんにピューレをスプーンで食べさせたり、口のまわりについたものをスプーンですくって口の中に入れたり大忙しだったわ。そんなやり方は大変そうに見えたし、赤ちゃんも楽しんでいるようには見えなかった。

――スザンヌ／ライアン（2歳）のお母さん

BLWはなぜ理にかなっているのか？

乳幼児はその時が来れば、ハイハイしたり、歩いたり、話したりする。そうした発達上の重大事は急がせても起こるわけではなく、その赤ちゃんにとってしかるべきときに――機会が与えられれば――起こるものだろう。あなたが生後数か月の寝ている赤ちゃんの背中をちょっと押すのは、寝返りを打つきっかけを与えようとするからだ。だが赤ちゃんはその時が来れば、自然に寝がえりは打つもの。立ち上がり、歩くきっかけもあなたは与えようとするだろう。寝返りのときよりもしつこくやるかもしれない。けれどもきっかけを与え続ければ、赤ちゃんは最終的にはできるようになる。ならば、食べることだけが別なんてことがあるのだろうか？

健康な赤ちゃんはたいてい生まれてすぐにお母さんのおっぱいを自分で吸うことができる。6か月くらいになると、手を伸ばして食べ物をつかみ、自分の口に運ぶことができる。赤ちゃんがこうしたことができるのをわたしたちは前から知っていたし、6か月くらいから手で食べる食べ物、フィンガーフードを食べさせるように昔から言われていた（逆に6か月になるまでは、いかなる補完食も食べさせてはいけないという科学的根拠があった。次の項を参照）。ということは、赤ちゃんは6か月からフィンガーフードを自分で食べることができるのだから、裏ごしした離乳食は必要ないと言える。

しかるべき時が来れば自分で食べられる——赤ちゃんにはそういう本能も能力も備わっている。このことをわたしたちは知っている。にもかかわらず、スプーンで与える方法がいまだに主流であり、大部分の赤ちゃんは1歳になるまで——ときにはそれ以降も——そのやり方で食べさせられている。

離乳食はいつから食べさせるべきか？

世界保健機関（WHO）[3]は2002年以降、イギリス保健省は2003年以降、赤ちゃんは6か月になるまでは――できるならば――母乳だけで育てることと、補完食は6か月を過ぎてから徐々に与えることを推奨してきた。6か月より早く離乳を始めるのは赤ちゃんの健康に良くないことが実証されたからだ。

- 離乳食は母乳やミルクのように栄養とカロリーがぎっしり詰まっているわけではない。乳児はお腹が小さいので、健やかな成長のためには濃縮された、消化しやすい栄養源とカロリー源が必要である。この条件にあてはまるのは母乳やミルクだけである。
- 赤ちゃんの消化器官は離乳食から栄養分をすべて吸収することができないので、残りの栄養分は赤ちゃんに与えられることなく排出される。
- あまりにも早くから離乳食を与えると、赤ちゃんは母乳やミルクを飲みたがらなくなり、栄養不足になってしまう。
- 早くから離乳食を与えられた赤ちゃんは、6か月まで母乳やミルクを飲み続けていた赤ちゃんよりも病気に感染しやすい。6か月までは免疫システムが未発達だからだ。

「4か月からおすすめ」のベビーフードがなぜあるのか？

世界保健機関（WHO）の行動規範である「母乳代用品のマーケティングに関する国際規準」［1981年5月21日に第34回世界保健総会にて採択。通称WHOコード］は、6か月未満の赤ちゃんに食品や飲料品の販売促進を禁じ、世界のほぼすべての国がこの国際規準に署名した。しかしイギリスとアメリカなどの多くの国では、国際規準の大部分が自主性に任せられている。言い換えれば、食品業界はこれにしたがわなくてもいいということだ。ベビーフードメーカーは売上を最大限に伸ばしたいので、その多くが6か月未満の赤ちゃんにも適していると思わせるようなラベルを自社製品に使おうとする――適していないにもかかわらずだ。したがって法律が改正されない限り、「4か月からおすすめ」と書かれたベビーフードが流通し続けることになる。

6か月未満の赤ちゃんに離乳食を与えることにより、高血圧のような心臓疾患を引き起こす危険性がその後の人生において増すこともわかっている。

BLWは昔からあった

「赤ちゃん主導の離乳（BLW）」という呼び方はかなり新しいが、BLWは人類の歴史と同じくらい古くからあったのだろう。何世代も前から、とくに3人以上の子供のいる家庭では、赤ちゃんの好きにさせれば離乳は楽に進み、誰にとっても食事の時間は楽しいものになることに気づいた。おそらく、そうした家庭の話はこんなふうに伝わったのだろう。最初の子供のときに人から言われるまま離乳を始めたが、かなり忍耐のいることだとわかった。ふたり目の子供のときは少しリラックスして、面倒なルールの一部を破り、少しずつ家族と同じ食事を与えていくとやや楽になった。3人目の子供が生まれた頃には、忙しすぎて「赤ちゃんが何とかやっていくのに任せた」。

こうした経験をしたお母さんやお父さんがよく口にするのは、最初の子供はあらゆるガイドラインにしたがってスプーンで食べさせたが偏食が激しい子供に育ってしまったということだ。きっと2番目の子供は1番目の子供ほど好き嫌いはなかっただろうし、3番目の子供になると、上のふたりと比べてかなり「よく食べる」子供に、偏食のない何でも食べる子供に育っただろう。お母さんやお父さんはBLWにいつのまにか気づいていたのだ。だが残念なことに、「悪い親」あるいは単に「怠け者」と思われるのを恐れて、誰にも話さなかったのだろう。

とくに目新しいことじゃなかったんだ——この離乳のやり方について人に話せば話すほどそう思うようになったわ。「実際にそのやり方をしたけど人には話さなかった」って言う人が多いのよ。みんなずっと前からしていたけど、ただ名前がついていなかったのね。

——クレア／ルイーズ（7か月）の母親

BLW　わたしの場合

わたしがミゲルにBLWを始めたとき、ブラジル人の祖母は「わたしも自分の子供たちにそうやったわ――自分で食べるようにさせたの」と話してくれました。ミゲルが食べ物を手でつかんでいるのを見て祖母は涙を浮かべました――感極まったからです！　それからわたしが赤ちゃんのときの話をしてくれました。わたしの両親は離乳を始めるにあたってスプーンで食べさせたかったので、祖母と両親のあいだで言い争いになったそうです。祖母はわたしの両親がしようとしていることが理解できなかったし、両親は祖母のやり方は時代遅れだと言ったんです。だからわたしがBLWを実践しているのを見て、祖母は大よろこびしました。けれどわたしの母は、BLWが普通と違うから、トレンドだからわたしが始めたと思い込みました。さらに母は、わたしが塩や砂糖を入れずに料理しているのを見て、「味が薄いんじゃない？」とまで言ったんです！　でも数か月後にミゲルが上手に自信たっぷりに楽しそうに食べている姿や、果物や野菜がとても好きなようすを見て考えが変わったみたいです。2年後にアリスの離乳を始める頃になると、母はわたしたち夫婦がBLWを始めるのを期待するようになり、もうわたしたちにあれこれ言いませんでした。

祖母はわたしに、ミゲルに自分で食べるようにさせたのは正しいことだと言い、子供は家族と一緒に食べるものだと教えられたとも言いました。祖母の時代は赤ちゃん用のハイチェアはなかったけれど、テーブルの横に木箱を置いて中に赤ちゃんを座らせたそうです。祖母の話を聞いているうちに、とても自信が湧いてきました。BLWは一時的な流行ではなく、自然で安全な方法だとわかりました。

ミゲルがBLWを始めてから数か月後、夫の祖母に――日本人です――昔はどうだったかと聞いてみました。すると日本人の祖母も、赤ちゃんに自分で食べるようにさせることで離乳は始まると教わったそうです！　また、「赤ちゃんがお座りができたときが、食べるとき」というこことわざがあることも教えてもらいました。ふたりの祖母は、医師からちゃんとしたアドバイスを受けた記憶はないと言いました。すべての知恵は母親から娘へ、祖母から孫娘へと伝えられたのです。どの赤ちゃんも自分のペースで成長するから、親はひとりひとりをよく見て、ちゃんとお座りができるようになるまで待たなければならないとふたりは言いました。さっぱりした食べ物を与えて、こってりした食べ物を避け、赤ちゃんに手づかみ食べをさせることが大事とも言いました。実に簡単なことのように思えます。ふたりの祖母はこれを「赤ちゃん主導の離乳」として知っていたわけではありませんが、BLWは長いあいだわが家に不可欠なものだったのです。

――メリーナ／ミゲル（5歳）、アリス（3歳）、セシリア（1歳）のお母さん

離乳の大まかな歴史

19世紀前半までのイギリスで赤ちゃんの離乳がどのように始められたかについてはあまり知られ

ていない。ほかの多くの国と同じように、子育ての技術や知識は母親から娘へと伝えられ、書き残されたものはほとんどない。しかし現在と同じように、多くの家族はBLWという方法を自力で見つけたのだろう。そして、20世紀のあいだにBLWを実践していた家庭が多少はあったことを示す事例はあるが、大部分の赤ちゃんの離乳の方法はまったく違ったものだった。

20世紀前半、赤ちゃんは8か月か9か月、あるいはもっと大きくなるまで、いかなる離乳食も与えられていなかった。なめらかな骨やしっかり焼いたパンの皮が7か月あたりで与えられることはあったが、食べ物としてではなく、咀嚼能力を発達させるためか、乳歯が生えやすいようにするための手段にすぎなかった。1960年代になると、離乳食を与え始める月齢が早まって2〜3か月になった。その後やや遅くなり、1990年代にはほとんどの赤ちゃんが4か月くらいから離乳食を与えられた。こうした変化の大部分は、母乳育児についてのアドバイスが変化したことが原因だ。一方、乳児の育児についてきちんと研究されることはほとんどなく、1974年まで離乳の始め方についての公式なガイドラインはなかった。

祖母は、孫娘のロージーが自分で食べているのを見て、いいことだと言ってくれたわ。7人きょうだいの一番上だった祖母は、自分の母親が弟や妹に食べさせていたやり方を覚えていて、それと同じだと言ったの。でも祖母自身は3か月で離乳食を始めるように言われたから、わたしの母にはスプーンで与えたそうよ。

——リンダ/ロージー(1歳10か月)の母親

20世紀前半の赤ちゃんは、ほぼ間違いなく母親か乳母《うば》(赤ちゃんに母乳を与えるために雇われた女性)の母乳で育てられた。しかし乳母を雇うのが流行らなくなり、出産が医療の対象になると、医師は母乳育児を母親に指導するのが自分たちの役目と考えるようになった。母親の本能――さらに悪いことに赤ちゃんの本能――に任せるのは信頼できないと考えられ、授乳は赤ちゃんが生まれたその日から注意深く管理され始めた。

母乳で育てるのが赤ちゃんに一番よい方法だと認められたものの、十分にお乳を出すためには母親は赤ちゃんに絶えず授乳しなければならないという事実は理解されなかった。母親は厳格な時間割にしたがい、赤ちゃんの飲む時間を制限し、さらに間隔を空けて数時間おきに授乳するように言われた。その結果、多くの母親は母乳の出が悪くなったことに気づいた。やがて――驚くほどのことではないが――当時入手できた「代用ミルク」がもてはやされるようになり、赤ちゃんに必要な栄養分が確実に摂取できると医師が推奨するようになった。

「時計」通りの授乳がますます普及し、母親たちは新生児用ミルクにますます頼るようになったが、ミルクはその宣伝文句ほど赤ちゃんによいわけではないことがしだいに明らかになった。ミルクで育てられた赤ちゃんはよく病気になったり、栄養不足になったりした。またミルクの作り方は複雑だったので、間違いがよくあった。

授乳の厳しい時間割のせいで母乳の出が悪くなり、与えられるのは数か月間だけになってしまったが、それでもたいていの母親は母乳で育てるのを好んだ。医師(と流行りの「育児本」の著者たち)は誕生時から母乳育児をうながしたものの、母乳の出が悪くなったとわかるや(赤ちゃんが2

か月から4か月のあいだはそれが普通)、今度は離乳食を与え始めるのがよいと考えた。赤ちゃんがぽっちゃりしていることが健康のしるしと思われたので、母親は最初の食べ物として穀物を与えるように勧められ、体重がしっかり増えたことを確認するようにと言われた。

同じ頃、調理済みの裏ごしされた食品が店頭に並ぶようになり、1930年代には果物と野菜をベースにしたさまざまなベビーフードが缶詰やびん詰めで入手できるようになった。こうしたベビーフードは月齢の高い赤ちゃん向けだったが、月齢の低い赤ちゃんにも簡単に与えられることがわかった。

ものを嚙めるようになる前から離乳食を日常的に与えられるようになると、赤ちゃんは骨やしっかり焼いたパンの皮で嚙む練習をしなくなった。家族の食事に近いものを食べさせる必要があることは認識されていたが、赤ちゃんは手でつかめる食べ物を与えられるのではなく、小さく切った食べ物をスプーンで与えられるようになった。

1960年代には赤ちゃんは食べ物を嚙んで口の中で動かす練習をする必要があると考えられたので、6か月くらいからフィンガーフードを与えることを勧められた。しかし嚙むことを学ぶ前にとてもやわらかい食べ物に慣れておく必要があると思い込んでいた大部分の人は、6か月になる前にピューレを食べさせなければならないと考えた——適切な時期に嚙めるものに移行できるようにするためだ。

1974年に離乳の始め方についての最初のガイドラインが公式に発表されたときは、3か月の赤ちゃんの大部分が母乳やミルクのほかに食べ物(普通はベビーライス、お粥《かゆ》、ベビーラスク)をすでに口にしていた。ガイドラインには、赤ちゃんが少なくとも4か月になるまではいかなる固形食も与えるべきではないが、6か月になったら食べさせるべきであると書かれていた。これは2003年までずっとイギリスの赤ちゃんへの公式な勧告だったが、世界保健機関（WHO）が推奨した6か月までは母乳（かミルク）だけで育てるべきだというガイドラインが同年に受け入れられた。

BLW　わたしの場合

アンナが生まれたとき、あの子の準備ができるまでは離乳を始めないと直感的に決めました。初めての子供のジャックのときは4か月で離乳食を与え始めて散々な目にあいました。でも当時のガイドラインでは4か月だったんです。もちろん今ならわかることですが、ジャックは能力の発達の面でも心理的な面でも、離乳はまだ早かったんです。だから嫌がったんでしょう。一方アンナは母乳だけですっかり満足していたので、ピューレで頭を悩ましたりはしませんでした。あまり病院に連れていくこともなかったので、もし離乳について聞かれたら、嘘をついたと思います。実は8か月健診のときに、「はい、娘に1日3回離乳食を食べさせています。気に入っているみたいです」と答えましたが、実際は、わたしたち家族が食べているのと同じものをアンナは少しずつつまんで食べていました。母乳から手づかみ食べに直行したわけです。ていねいに裏ごしした食べ物から煮てつぶした食べ物、最後に小さく切った食べ物へと段階的に進む、なんてことはしませんでした。当時はたいていの赤ちゃんは6か月になる頃には1日

3回しっかり食べるものだと思われていました。わたしがアンナにスプーンで与えていないのを知った人たちは、きっとわたしのことを怠け者だと思ったでしょうね。しかしアンナは健康そのものでした。アンナが食べ始めたのは8か月を少し過ぎた頃でしたが、普通の食べ物を驚くほど上手に食べて、とても幸せそうなのがみんなにもわかったようです。

――リジー／3人の成人した子供のお母さん

母親世代の常識

1970年代、80年代、90年代に親になった人たち、つまりあなたの両親の世代は離乳の始め方について今日の情報とはまったく違ったアドバイスを与えられていた。当時は離乳を始める最低の推奨月齢は4か月だったので、赤ちゃんの準備ができたことを判断する特別なサインを見逃さないようにと言われたはずだ。けれどもこうしたサインの大部分は月齢に沿った一般的な発達を示しているにすぎず、それぞれの赤ちゃんの食べ物への欲求や消化能力に関係しているわけではない。それ以外のサインも、たとえば体重のような要因に関連しているのであって、栄養上必要なことに関連しているわけではない。これは、アドバイスの大半が乳児の発達についての誤解に基づいており、赤ちゃんが本当に必要とするものについての有効な研究がなされていなかったことが原因だ。だが困ったことに、この古いアドバイスの一部は今も生き続けているようだ。こうしたサインを見逃さないようにとあなたも言われることがあるだろう。

◉離乳食開始の誤ったサイン

- **夜に目を覚ます**——赤ちゃんはさまざまな理由で夜に目を覚ますが、離乳食を与えて問題が解決するという証拠はない。本当にお腹がすいているのなら、6か月未満の赤ちゃんに与えるべきは母乳（またはミルク）であって、離乳食ではない。
- **体重増加のペースがやや落ちた**——研究によれば、4か月くらいになると、とくに母乳で育てられている赤ちゃんにはこうしたことがよく起きると報告されている。離乳食を欲しがっているサインではない。
- **お母さんやお父さんが食べているようすをじっと見ている**——4か月くらいになると、赤ちゃんは家族の日常の活動に、たとえば服を着たり、ひげを剃ったり、歯を磨いたり、食べたりすることに興味を持つ。だが赤ちゃんはそうした活動が何を意味しているのかをわかっていない。ただ好奇心をそそられているだけだ。
- **「舌を出す仕草」が消えた**——4か月くらいになると、固形物を口から押し出そうとする「押し出し反射」は消え始める（64ページ参照）。これが消えればスプーンで離乳食を与えるのは楽になるかもしれないが、赤ちゃんが離乳食を消化する準備ができたサインだとは言えない。
- **体が小さい**——赤ちゃんが小柄で栄養不足だとしたら（遺伝的に小さく生まれついた場合を除く）、成長を促進するために必要なのは栄養豊富な母乳かミルクであって、離乳食ではない（早産の赤ちゃんについては違う処方が必要である。77〜79ページ参照）。

・体が大きい――赤ちゃんが大柄なのは遺伝によるものかもしれないが、もしミルクを与えられているのなら、必要以上に飲んでいるせいかもしれない。大柄であることは、赤ちゃんの消化器官と免疫システムが離乳食への準備ができていることを示しているわけではない（体重と離乳開始時期の関係が語られるようになったのは1950年代からである。当時、出生時の体重の2倍になるか、あるいは5・5キログラムを超えたときに――どちらか早いほうで――赤ちゃんは離乳食を必要とすると信じられていた）。

「あら、大きいわね。もっと欲しがっているのよ。離乳食を食べさせたほうがいいわ」って言う人の気持ちがまったく理解できなかったわ。だって、初めて食べさせるものって、ナシとか蒸したズッキーニとかニンジンでしょ。それってダイエットのときに食べるものじゃない？

――ホリー／エーヴァ（7歳）、アーチー（4歳）、グレン（6か月）のお母さん

BLW　わたしの場合

マックスは同じ月齢の子と比べるといつも大きくて、98パーセンタイル値［乳幼児の体重の身体発育値を示すもので、全体を100として小さいほうから数えて何番目になるのかを示す数値。50パーセンタイル値が中央値］だった。だから大柄な赤ちゃんについての話を耳にたこができる

ほど聞かされたわ――ひどくお腹をすかせているとか、4か月から離乳食を食べさせたほうがいいとか。でもわたしはマックス本人に任せることにしたの。確かに大柄ではあったけど、マックスは食べ物に興味を持っているようには見えなかったし。多少は食べているんだろう、と8か月くらいから便から判断できたけど、10か月くらいまではたくさん食べているとは思えなかった。BLWを始めて最初の半年はマックスは食べ物の味と舌ざわりを確かめているだけだとわかっていたから、ピューレを食べさせている友人の話を聞いても、あの子の食べている量がわからないことに不安を感じることはなかった。こんなやり方をしていたからプレッシャーはなかったの、本当に。甥っ子たちにスプーンで与えたことがあったけど、食べさせる量が決まっていたから、途中で食べなくなったときはすごくあせったわ。でもBLWなら最初からちょっとリラックスしていられるし、赤ちゃんのペースに任せればいいだけ。何も食べていないならそのうちお腹がすくだろうから、そのときに何かを食べさせればいい――そんなふうに考えられるのって、本当に楽。わたしはよくこう思ったわ。『何を心配しているの？　母乳はニンジン半分よりもはるかに栄養があるじゃない』って。マックスは必要な栄養を何もかも母乳から得ていると信じることにしたの。それに、食事の時間に授乳するのはとても都合が良かったし。マックスだって飲みたいときに飲めたから、すべてがぴったりはまったって感じね。

――シャーロット／マックス（1歳4か月）のお母さん

同じように、離乳を始める最低の推奨月齢は4か月という古いアドバイスは、4か月の赤ちゃんはひとりでは食べられないし、噛めないという事実を反映しているにすぎない。赤ちゃんの口腔と消化器官や免疫システムは4か月ではまだまだ発達していないので、細かく管理された段階を踏み、さっぱりした食べ物を食べ、スプーンに慣れさせることが必要だと強調することが大事だった。その結果、初めて口にした離乳食はなめらかな、ほぼ液状に近い穀物で、それをスプーンで与えられたということだったのだろう。果物か野菜のピューレを1日に1回与え、新しい食べ物を始めるときは――反応が今ひとつだった場合だが――3日空けるという手順で進んでいったのだろう。6か月になる頃には1日3回の食事になっていて、食べ物の固まりやフィンガーフードを食べ始めていたのだろうが、食べ物で遊ぶことはお行儀が悪いからという理由で許されなかったのだろう。できるだけ早く母乳やミルクから離乳食に移行し、1歳の誕生日までに授乳を完全に終わらせることが目標だったのだろう。

もちろん今ではわたしたちは、赤ちゃんの消化器官と免疫システムは4か月では母乳やミルク以外の食べ物を摂取する準備ができていないこと、母乳は少なくとも2歳までは赤ちゃんにとって重要であることを理解している。したがって離乳を始めるにはこれまでとまったく違ったやり方で取り組むべきであり、体の発達の準備ができたときに始めるべきだ。そして第2章で取り上げるが、赤ちゃんの準備ができたことを示すサインとは、赤ちゃんが食べ物を自分で口に運ぶようになることだ――その機会を与えられれば、赤ちゃんはできるようになるのである。

膝の上に乗せた赤ちゃんがあなたのお皿から食べ物をひとつかみ取って噛んで飲み込んだら、

お皿を赤ちゃんのほうに近づけるべきときかもしれません。
——ガブリエル・パーマー／栄養学者・作家

食べ物と健全な関係を築く

人生の最初の1年に食べ物とどうかかわったかで、食べ物に対する行動や態度に影響が出てきてしまうことがある——それも一生。大人になって自分と食べ物との関係を考えるとき、いくつかの要素は子供時代（感情と食べ物の間に矛盾が生じやすい時代）にまでさかのぼれる可能性がある。たとえば、いい子だったごほうびや、嫌いなものを食べられたごほうびに好きな食べ物を与えられたかもしれない。あるいは、体からのお腹いっぱいのサインを無視して「おばあちゃんのためにもうひと口」食べるように言われたり、お皿の上のものを食べ切るように説き伏せられたのかもしれない。大人はさまざまな理由で食べるが、栄養が必要であるとか、お腹がすいているなどの理由だけで食べるわけではない。わたしたちは「習慣」でも食べる。時計が食事の時間を指しているから。まわりの人が食べているから。お腹がすかないように外出前に食べておくこともあるだろう。さらに、落ち込んだり疲れたときに自分を慰めるために、または自分へのごほうびとして特定のものを食べる人も多い。誰かによろこんでもらうために、あるいは食べ物を無駄にしないために食べる人もいる。そうした食習慣の多くは子供時代のごく初期に身に付いたものであり、一生続く食べ物とのゆがんだ関係に発展することがある。赤ちゃん主導の離乳はこうしたことが起こらないようにし、さらに赤ちゃんが自分の体の声に耳を傾けられるようにする。そして、食べ物との健全な関係を最初から築くのである。

BLW　わたしの場合

わたしと食べ物との関係は最悪だったから、娘のエレノアには同じことを繰り返してほしくないんです。エレノアが最初から食べ物をコントロールできたら、わたしのように食卓が戦場になることはないでしょう。幼い頃、わたしは自分のお皿のものを食べ終わるまで席を立つことを許されませんでした。だからよく食べ物を喉につまらせて吐いていました。まさに親と子の「権力闘争」でしたけど、最後はいつもわたしが勝ちました。人に無理やり食べさせるなんてことは誰にもできないんですよ。今でもわたしは「子供のように」食べてしまい、いろいろな風味や舌ざわりを感じてはもどしてしまうんです。実はエレノアが6か月になったとき、ピューレ――あの匂いがすると嫌な思い出がよみがえります――を料理して味見をすることを考えただけで、離乳させるのがとても怖くなったんです。わたしはピューレなんて食べたくなかったのに、エレノアが食べたくなるなんてことがあるの？って思いました。でも新生児訪問の保健師さんがすばらしい人で、BLWのことを思い切って話してみると、心からよろこんでくれました。あとでわかったことですが、保健師さん自身が数年前に自分のお子さんたちに似たようなことをしたそうです。それで今ではエレノアのいいお手本になるためにわたしも体にいいものを食べるようになりました。以前はスパゲッティフープス［リング状のパスタがトマトソースに入ったスパゲッティ］のようなものしか食べなかったけど、健康的なものを食べていると ころをエレノアに見せたくなったんです。今ではうちの冷蔵庫には健康的な食材が入っているので、BLWのおかげでわが家の食生活は実にいい影響を受けています。

――ジャッキー／エレノア（7か月）のお母さん

スプーンで与える場合の問題点

自分が6か月の乳児だと想像してほしい。あなたは家族がしていることを何でもまねしておもしろがり、家族が手でつかんでいるものが何であるのかを知りたくて、それをつかみたくなる。お母さんやお父さんが食べているのを見て、その匂い、形、色にうっとりする。でも大人はお腹がすいているから食べているんだということはわかっていない。ただ何でもいいからまねをしてみたいのだ――そうやってあなたは学んでいく。ところが大人と同じものを食べることは許されず、代わりに煮てつぶした何かをスプーンで口の中に入れられる。それはいつも同じようにやわらかいが、味はひとつひとつ違うようだ。おいしいときもあれば、そうでないときもある。それをじっと見ることはできても、さわることはめったにできない。次のひと口を食べるようにちょっと急かされることもあれば、待たされることもある。思っていたものと違うから（あるいはどんなものなのかを見たくて）吐き出すと、スプーンですくってもう一度口の中に入れられてしまう！　この食べ物があなたの小さなお腹をいっぱいにするなんてまだ知らないから、お腹がすいていたらきっとイライラするだろう――欲しいのは母乳やミルクだから。もしあまりお腹がすいていなくて、この煮てつぶした食べ物がおいしかったら、あなたは食べ続けるだろう。けれどもあなたは家族がしていることに今は興味津々だ、できるものなら同じことをしてみたいだろう。

スプーンで食べ物を与えるのは確かに悪いことではないが、そうする必要はない。[4] スプーンで与えられる赤ちゃんの多くはとくに問題もなく食事の時間を楽しむようになるだろうが、BLWでは起こらない問題が生じることがある。問題のひとつはピューレにしたり、つぶしたりした食べ物のやわらかさに関係し、もうひとつは赤ちゃんが食べることをどれだけコントロールできるかということに関係している。

・煮てつぶした食べ物や、小さく切った食べ物をスプーンで初めて与えられたとき、赤ちゃんは喉に詰まらせて吐きそうになってしまう。それはスプーンから食べ物を吸い込んで口の奥へ入れると、咽頭《いんとう》反射（69ページ参照）を引き起こすからだ。赤ちゃんにとって、自分で食べ物を口の中に入れるよりもスプーンで食べさせられるほうが喉に詰まらせやすい。だから多くの赤ちゃんはただただスプーンを拒絶しようとする。

・誰かにスプーンで与えられるということは、赤ちゃんは食べる量や食べる速さを自分でコントロールできないということだ。水分の多い食べ物は早く飲み込めるので、つい「もうひと口」食べさせたくなる。そうやって赤ちゃんは自分で食べ物を口に入れるときよりも早く食べ、実際に必要な量よりも多く食べることになる。お母さんかお父さんのいずれかがとくに赤ちゃんの世話をしていて、顔をそむけたから与えるのをやめたとしても、すでに赤ちゃんはその数口前に必要な量を食べ終わっていた可能性がある。必要以上のものを食べさせようとすると満腹を認識する能力が育たなくなり、過食という一生の問題を引き起こすことになる。

・1歳未満の赤ちゃんにとって母乳やミルクはもっとも重要な栄養源である。一方、離乳食は母乳やミルクのどちらと比べても栄養豊富というわけではない。赤ちゃんが離乳食を大量に与えられたらお腹がいっぱいになってしまって、母乳やミルクを欲しくなくなるかもしれない。つまり、必要な栄養素の一部が不足する可能性がある。

・赤ちゃんにとって、スプーンで与えられるのは自分で食べることほど楽しくはない。赤ちゃんが食べ物を手でさわったり、いろいろ試したりするのは、そうやって食べ物について学ぶためである。多くの場合、赤ちゃんは自分に、または自分のために何かしてもらうのは好きではない。赤ちゃんが自分で食べるのを許してあげれば、食事の時間はもっと楽しくなるだろう。食べ物を信用するようになり、さまざまな味や舌ざわりを楽しむようになるだろう。

これは、BLWの赤ちゃんは煮てつぶしたものを食べないとか、スプーンを使うようにならないなどと言ってるわけではない。赤ちゃんにはまわりの人のまねをしようとする強い本能が備わっているので、家族が食器を使っていたら、同じように食器を使ってみたくなるだろう。だからあらかじめ食べ物がのったスプーンを早い時期から自分で口に運んで食べる赤ちゃんもわずかにいるし、かなりすばやくスプーンを口に「突っこめる」ようになる赤ちゃんもいる。またこれから見ていくが、水分の多い食べ物を赤ちゃんが自分で食べる方法はほかにもたくさんある。問題はスプーンそのものではなく、スプーンを使ってコントロールするのは誰かということだ。

赤ちゃんが食べ物をコントロールするということは、口の奥ではなく口の先で新しい食べ物を味わい、嫌だと思ったら吐き出せるということだ。しかし、与えられたひとさじのピューレをそんなふうに吐き出すのはかなりむずかしい。赤ちゃんは好きなものだと確信しない限り、拒絶するだろう。こうして赤ちゃんは最高の風味のもの以外は拒絶するようになる――当然の話だ。

メイベルにピューレを与えようとしていた2週間、食事の時間はまるで戦場のようだった。メイベルがスプーンから何も食べようとしないから、わたしはすごくイライラしてたわ。スプーンが問題なのか、ピューレの舌ざわりがいけないのか、両方のせいなのかわからなくって。でもメイベルが自分で食べられて、自分でコントロールできるものを与えたときから、食事はあの子にとって楽しい時間になったの。何でも食べてみようと思ったみたい。スイートコーンのピューレは全然だめだったけれど、小さなベビーコーンをあげたらいくらでも食べたわ。

――ベッキー／メイベル（10か月）のお母さん

誰かほかの人からスプーンで食べさせられるのは、食べる能力の発達において「必須段階」ではない（かつてはそう考えられていたが）。人類の歴史の大半において、スプーンなどというものは知られていなかったし、今日でも多くの国では指を使って食べる。食べ物を心から楽しむためには手で触れて感じるのが大事で、どんな種類の食器でも使ってしまえば、そうした経験を台無しにすると信じる食文化もある。ものを食べるのに道具を使う必要性が見いだせないという食文化もある。一方、ほとんどの欧米諸国では、スプーンを使わずに赤ちゃんにものを食べさせるのは不可能だと長いこと思い込まれてきた。

もちろん、3、4か月の赤ちゃんに離乳食は必要だと信じられていた時代には、スプーンで与えるやり方は理にかなっているように思えた。その月齢では、食べ物を噛んだり、自分の口まで運べないからだ。それゆえ、スプーンでピューレを食べさせるのは離乳を始めるうえで不可欠であるという仮説が生まれた。だがこれを裏付ける研究は行われなかったようだ。近年でさえ、赤ちゃんの補完食についての研究の大半は、どの月齢で何を与えるべきかに集中しており、どんなふうに与えるべきかはおろそかにされている。このように、赤ちゃんの正常な発達と離乳の開始方法をめぐる関係は、かなり見過ごされてきた。それどころかスプーンで与えるのは赤ちゃんにとって安全なのか、適切なのかを研究した人は最近になるまでいなかったようだ――それは当たり前になりすぎてしまっていたからだ。「試して信用した」のだろうが、実際には検証されていなかった。

アイヴァンにスプーンで離乳食を与えていたときは、スプーンを口に入れるためにあの手この手を使ってあの子を笑わせようとした――でも笑ったってスプーンは入らなかった。今度

はアイヴァンが顔をそむける前に、スプーンが口の中に入るようにあらゆる角度から入れてみたわ。アイヴァンがスプーンを嫌がっているのはわかっていたけど、あの子には離乳食が必要だとわたしたちは信じていたし、作った離乳食を全部食べさせようと努力した。けれど実際はただテーブルに座って、イライラしながら時間が経つのを眺めていただけ。今から思えば、アイヴァンにあの離乳食は必要なかったのよね。

――パム／アイヴァン（3歳）とモリー（1歳6か月）のお母さん

◉ピューレの問題点

確かに裏ごしされた食べ物は嚙むのが困難な人たちには役に立つだろうが、ほとんどの成人と同じように6か月の赤ちゃんはたいていピューレを必要としない。[5] 煮てつぶしたり、裏ごしした食べ物（濃いスープ、やわらかなマッシュポテトなど）が家庭の食卓に並べられることはあるが、食べ物すべてをこんなふうに与えるのは問題だ。

・ピューレや煮てつぶした食べ物はやわらかいので、スプーンから簡単に口の中に吸い込むことができ、嚙む必要がない。6か月直後から嚙む必要のあるものを食べたことがないと、咀嚼能力の発達が遅れてしまう。ほぼ1歳まで（あるいはもっとあとまで）固形食を口にしたことがない赤ちゃんは、食べ物をうまく扱うことを学んでいないとも言える。それは、たとえば3歳になるまで子供に歩く機会を与えなかったのと同じだ。咀嚼能力は多くの理由から重要であり、そのなかには安全に食べる能力の発達も含まれる（64ページ参照）。

・赤ちゃんが自分で食べられるようになれば、食べ物をもっと上手にもっと早く扱えるようになる。食べ物が舌の先のほうにあるのであれば、移動させたり、噛んだりするのが簡単だからだ。一方、スプーンで与えられた食べ物は口の奥へまっすぐ入れられることが多い。食べ物を簡単に、あるいは安全に移動させることができない。

・わたしたちの口は噛むことによって食べ物をつぶすようにできている。よく噛まれた食べ物は、すばやく飲み込まれた食べ物（たとえばピューレ）よりも胃で消化されやすい。なぜなら唾液と混ざることで消化が、とくにデンプン質の消化が促進されるからだ。食べ物を与えられ、自分のペースで食べることを許された赤ちゃんは長いこと噛んでから飲み込むので、消化が促進されることになる。

・とくに果物と野菜は、ピューレにすることでその栄養価が変化する。食べ物が切り分けられるとき、その切断面からビタミンCは失われる。ピューレにするということは、こうした損失が増えることを意味する。あらかじめ裏ごしされた食べ物は、大きめの固まりのまま食べた場合よりもビタミンCの値が低くなる。たとえば丸ごと1本のバナナは、裏ごしされたり、煮てつぶされたりしたバナナ1本分よりもビタミンCが豊富だ。ビタミンCはとくに鉄の吸収を促進するので、大事なビタミンである。そして体に蓄えることができないので、毎日たっぷり摂取することが重要だ。

・ピューレは――ジュースにしたものもそうだが――中から糖分が出て、飲み込まれる前に都合よく「単糖」に変わる。この変化によって食べ物の味は甘くなる。赤ちゃんは強い甘みを好むようになり、しかも虫歯になる危険性も生じる。

外食するとき、サミーにはスプーンで食べさせている。散らかりはしないけど、あの子、うれしそうじゃないのよね。たとえ騒がなくても、スプーンで食べさせたものを吐き出して、それをじっと見てから、指でつまみあげて口の中に入れるのよ。

――クレア／サミー（10か月）のお母さん

◉両方を少しずつ取り入れるのはなぜダメなのか？

お母さんやお父さんは医療従事者や離乳食の本に勧められて、「両方を少しずつ」取り入れることがある。つまり、スプーンで食べさせることと、ＢＬＷの要素を組み合わせるのだ。一般的なのは、赤ちゃんが食事の大部分を自分で食べてから、最後にスプーンで数口与えるやり方だ――赤ちゃんが十分に食べたことを確認するために。しかし「両方を組み合わせた」このやり方は、従来の離乳の仕方とあまり変わらない。６か月くらいからフィンガーフードを与えるかたわら、スプーンでも食べさせているからだ。

赤ちゃん主導の離乳は、自分で食べることだけが目的ではない。それは、母乳やミルクから家族の食べ物へと移行する全行程を赤ちゃん自身が主導することだ。赤ちゃんを信用して、たまにではなく毎回の食事で何を、どれくらい食べなければならないかをわからせることだ。けれどもそうした判断を赤ちゃんの代わりに大人が下した瞬間に、それはもはや赤ちゃん主導ではなくなってしまう。そしてBLWのメリット（38〜45ページ参照）の多くが失われることになる。赤ちゃんへの全幅の信頼を何よりも大事にするやり方と、お母さんやお父さんが最終決定権を持つやり方を組み合わせるのは、どう考えても無理だろう。

BLW──異なる食の体験

BLWは従来のスプーンで与えるやり方とはまったく違う。もしあなたが6か月の赤ちゃんなら、どちらを選ぶだろうか？（37ページの表参照）

BLWは推奨されるのか？

近年、BLWへの並々ならぬ関心は子供のいる家庭で急速に広がり、多くの医療従事者にも積極的に支持されてきた。必ずしもBLWという名前で紹介されるわけではないが、家族と一緒の食事、最初から赤ちゃんに手づかみ食べをさせること、赤ちゃんの食欲を尊重することなどのBLWの原則の多くは、今やイギリスの乳児の育児ガイドラインにしっかりと取り入れられ、最初の食べ物は赤ちゃんが自分でつかめるような大きさの食べ物か、スプーンで与えられるピューレのいずれかがよいと書かれている。

赤ちゃん主導の離乳	従来の離乳
赤ちゃんは食べる機会を与えられる。	赤ちゃんは食べることを期待される。
家族と一緒に食事する。	赤ちゃんは家族とは別に食べることが多い。
赤ちゃんは家族と同じ物を食べる。	赤ちゃんの食べ物は違って見える（同じ食材であっても）。
赤ちゃんは食べ物に手を伸ばしたり、触れたりできる。	食べ物はたいてい手の届かないところにある。
赤ちゃんはたくさんの異なった形、色、舌ざわり、味を経験する。	赤ちゃんの食べ物は形、色、舌ざわり、味の範囲が限られている。
赤ちゃんは舌ざわりの範囲を広げるときを自分で決める――徐々に自発的に進めながら。	新しい舌ざわりは段階的に取り入れられ、進み具合はお母さんやお父さんが決める。
赤ちゃんはひと口分を自分で決めるようになる。	お母さんやお父さんがひと口分を決める（赤ちゃんにとっては予想外の量かもしれない）。
赤ちゃんが食べるペースを自分で決める。	お母さんやお父さんが食べるペースを決める。
赤ちゃんが食べる量を決める。	お母さんやお父さんが食べる量を決める。
赤ちゃんは活発である――食べ物を触ったり調べたりする。	赤ちゃんはおとなしい（食べ物を拒絶しない限りは）。
赤ちゃんは母乳やミルクの量を減らし始めるときや母乳をやめるときを自分で決める。	赤ちゃんが飲む母乳やミルクの量は、食べるようにうながされた離乳食の量によってだいたい決まる。

このように人気が高まるにつれて、乳児の育児に関心のある医療従事者のあいだでＢＬＷは徐々に注目されるようになった。まだ研究の余地はあるが、ＢＬＷは離乳を始める安全な方法であり、食べ物との関係はもちろんのこと赤ちゃんの長期の健康や発達にもプラスになりうることがはっきりしてきた。[6]その証拠が集まるにつれて、「赤ちゃんにはスプーンで与えるべき」という考え方は時代遅れになる可能性は十分にある。

ＢＬＷのメリット

●楽しめる！

食べることは誰にとっても――大人にとっても赤ちゃんにとっても――楽しいものであるべきだ。食べるという行為に積極的にかかわり、食べるものと食べる量と食べる速さを自分で決められれば、食事はもっと楽しいものになる。逆に、ただ座っているだけで何も自分で決められなければ、食事の時間は憂うつなものになり、成長してから摂食障害を起こすかもしれない。赤ちゃんにとって人生初の食べ物の経験が健全で幸せなものであるならば、拒食症や食物恐怖症のような問題を将来かかえる可能性はかなり低くなるだろう。

●家族と一緒に食事する

赤ちゃんが最初から家族と一緒に食卓をかこみ、同じものを食べ、家族の団らんに加わる――これは赤ちゃんにとって楽しいことであり、食事中の家族の行動をまねできるので、食器の使い方を自然に覚え、家族のなかで求められるテーブルマナーを難なく受け入れるようになる。赤ちゃんはそれぞれの食べ物の違いを知り、食べ物を分け合い、自分の番がまわってくるのを待ち、会話することを学ぶ。

一緒に食事をすれば、家族関係、社交能力、言語発達、健康な食生活などに好影響を与えられる。一方、家族とは別に赤ちゃんに食事を与えることにすると、家族の食事中に赤ちゃんをあやし続けなければならず、その負担は小さくない。ＢＬＷは家族と一緒に食事をするので、家族全員が目の前で起きていることにかかわれることになる。

◉本物の食べ物について学ぶ

自分で食べるのを許された赤ちゃんは、さまざまな食べ物の外見、匂い、味、舌ざわりを知り、異なった風味のものがどのように作用し合うのかについても学ぶことができる。一方スプーンで与えられると、数種類の味のものが裏ごしされてひとつになってしまう。ＢＬＷの赤ちゃんなら味の違いがわかり、たとえば、これは鶏肉と野菜が入ったキャセロールだと気づき、好きな料理だと認識するようになる。嫌いなものが入っていればそれを残すだけのことで、キャセロールすべてを拒絶するようなことにはならない。このことはまた、たとえその料理を好きでない家族がいても一緒に食事できるということを意味する。

エマはその食べ物が何なのかわかると、夢中になったわ。でもいろいろなものが混ざった料理には——それがシチューであっても——用心深かったわね。結局は食べるんだけど、時間をかけてよく調べるのよ。まるで検査する必要があるみたいに。

——ミシェル／エマ（2歳）のお母さん

●食べ物を信じることを学ぶ

BLWの赤ちゃんは直感を働かせて何を食べ、何を残すかを決められるので、少し大きくなっても食べ物に疑いを抱くことはめったにない（疑いがちの乳幼児は多い）。BLWの赤ちゃんは、必要でないと感じたもの、あるいは安全に見えないもの（熟しすぎていたり未熟だったりするもの、腐っていたり有毒なもの）を拒絶できるので、新しいものを進んで食べてみようとする——食べるか、食べないかを自分で決められるからだ。

●安全に食べることを学ぶ

BLWならば、赤ちゃんは食べ物を口の中に入れる前にじっくり調べることができる。また食べ物を噛んだり、口の中で移動させたりする練習もできるので、スプーンで与えられるだけの赤ちゃんよりも食べ物の扱い方が早く上手になる。効率よく噛めるようになれば、より安全に食べられるようになり、言語能力と消化能力の向上にも役立つ。

◉より良い栄養が得られる

最初から家族一緒に食事をしている子供は大きくなってからジャンクフードに手を伸ばす確率は低いので、長期にわたり栄養状態が良好である傾向が強い。それは、ＢＬＷの赤ちゃんがお母さんやお父さんのしていることをまねしたり、どこにいても大人の食べ物を食べたりするのに慣れているからであり、新しい食べ物を進んで食べる傾向があるからでもある。またジャンクフードを魅力的な食べ物であるとは教えていないからでもある。

赤ちゃんにとって、最初からあらゆる種類の食べ物に接する機会があるということは、食事の時間がワクワクする時間となり、必要な栄養素をすべて摂取できる可能性が高くなるということだ。また授乳量や回数は少しずつ減るが、母乳で育てられているＢＬＷの赤ちゃんは、そのまま母乳を飲み続けられることになりそうだ。母乳からは完全にバランスの取れた栄養分が得られるだけでなく、さまざまな重い病気への予防にもつながる。

◉食欲をコントロールする

子供時代に身に付いた食習慣は生涯続く。ＢＬＷの赤ちゃんは「満腹をしっかり認識できる」という研究報告がある。栄養豊富な食べ物のなかから何を食べるのかを自分のペースで決められ、お腹がいっぱいになったと自分で判断できる赤ちゃんは、自分の食欲にしたがって食べる。大きくなったときに食べすぎることはまずないだろう。[7]

◉科学的な発見をする

本来赤ちゃんは、実験したり調べたりするのが大好きだ。赤ちゃんは手と口を使って、食べ物を含むあらゆる種類の物体の存在を知る。赤ちゃんが最高の（かつ高額な）教育玩具から学習できるほとんどすべてのことは、食べ物を手でつかむことで学習できる。たとえば、手でつかんでいたものが落ちれば、重力に気がつく。多いか少ないか、大きいか小さいか、形、重さ、触感といった概念についても学べる。こうして赤ちゃんは自分のまわりの世界を深く理解するために、あらゆる感覚——視覚、触覚、聴覚、嗅覚、味覚——を総動員する方法を知るだろう。

◉手と目の協調運動と手指の巧緻性を向上させる

自分で食べることで、赤ちゃんは食事の時間のたびに発達にとって大事なことを練習できる。食べ物を指ではさんでから口に運ぶ。これは手と目の協調運動を発達させる。違った大きさや触感の食べ物を1日数回つかむことで、手指の巧緻性《こうちせい》が向上する。やわらかいものを握りつぶさずにつかみ、すべりやすいものを落とさずにつかむ方法を考え出す。こうしたすべてが、大きくなってから、たとえば字を書いたり、絵を描いたりする能力として役に立つだろう。

エマニュエルの手先の器用さは月齢を考えると信じられないってみんなが言うけど、わたしに言わせてもらえば、当たり前よ。どの赤ちゃんもできるはず——練習する機会がないだけ。毎日いろいろな食べ物を手づかみ食べしていれば自然と練習になるわ。だから「エマニュエルはいつも自分で食べているから手先が器用なのよ」って答えるんだけど、誰も信じないの。

――アントニエッタ／エマニュエル（2歳）のお母さん

●自信がつく

いろいろなことを自分でさせることによって、赤ちゃんは学ぶだけでなく、自分の能力と判断に自信を持つようになる。何かをつかんで口に運べば、興味深い味や舌ざわりという報酬をほぼ瞬時で得られる。こうした経験から、自分が行動することで何かすてきなことが生じることを赤ちゃんは学び、さらにそれによって自信と自尊心を持てるようになる。食べる経験が増えるにつれて、食べられるものと食べられないものがあること、食べ物の種類によって予想すべきことが違うことに気づいた赤ちゃんは、自分自身の判断を信用するようになる。多くのお母さんやお父さんは、子供が自分で食べているようすを見て、わが子を信じて食生活以外の分野でも探検させたり経験させたりするものだ。


BLWの赤ちゃんが普通の、大人の食べ物を自信たっぷりに食べるのを初めて見たとき、本当に驚きました。10か月の赤ちゃんが食べ物を選ぼうとしていたのですが、明らかに食べ物の違いをわかっていて、選ぶことに慣れていました。その赤ちゃんはとても満足したようで――心から食事を楽しんでいるように見えました。

――マリアンヌ／看護師長

◉簡単な（そして節約）料理ですむ

家族のために料理されたものを赤ちゃんと一緒に食べれば、赤ちゃん用に別に買ったり、用意したりする必要がなくなり、食費は安くつく。さらに時間の節約にもなるし、面倒なこともなくなる。健康的な料理であれば、赤ちゃん用にアレンジすることはむずかしくない。また、赤ちゃんと一緒に食べれば、家族とは別の食事の時間を設定したり、スプーンで食べさせているあいだにあなたの料理が冷めてしまうこともない。

◉赤ちゃんの偏食と食事中の争いがない

偏食と食べ物の拒絶はBLWの赤ちゃんには見られない。BLWのやり方だと食べることが楽しく、最初から普通の家庭料理を食べているので、ベビーフードから小さくした食べ物へ、そして家族と同じ食べ物へと段階を踏むことはない（多くの赤ちゃんはそれを面倒だと感じている）。

赤ちゃんを尊重するBLWは、何を食べ（あるいは食べず）、いつ食べ終えるのかを自分で決めさせるので、嫌いなものを食べさせるために電車が走る音や飛行機が飛ぶ音をまねるなどして赤ちゃんの気の引く必要はない。また食べ物を特別な形（たとえばニコニコマーク）にしたり、別の皿に載っている野菜を隠したりして子供の目をごまかす必要もない。

赤ちゃんが食べることにプレッシャーを感じなければ、食事の時間が争いの場になることはない。それどころか、家族全員がストレスを感じることなく一緒に食事を楽しむことができる。

こんなふうに離乳食を食べるようにうながされた赤ちゃんはさまざまな食べ物を楽しめるので、のちのち食べ物で問題を起こすことはないでしょう。

——ビバリー／新生児訪問の保健師

◉外食が楽にできる

外食も簡単だ。ピューレをあらかじめ用意したり、それを温めたりする面倒もない。たいていのレストランのメニューには、BLWの赤ちゃんが楽しみながら一緒に食べられそうな料理があるはずだ。

外出時の食事があんなに楽だなんて！　孫のリリーはわたしたちと同じものを食べるだけ。息子があれくらいのときはいつも離乳食の入ったびんや包みを持ち歩いて、温めるのもひと苦労。でもリリーはわたしたちが与えるものはどれも食べようとするから、いろいろな種類のものを食べているはず。わたしが子育てをしていた時代と比べて、食べる食べないの争いもないみたい！

——アン／リリー（9か月）のおばあちゃん

ＢＬＷのデメリット

●散らかす

確かに、ＢＬＷだと多少は散らかる！　けれどもどの赤ちゃんもある時点で自分で食べることを学ばなければならない。ある程度散らかるのは仕方のないことだ。散らかるのは事実だが、ＢＬＷはスプーンで与えるやり方よりも散らかす時期が早まるだけだとも言える。そのかわり、散らかす期間がとても短い赤ちゃんが多い。ＢＬＷでは赤ちゃんは自分で食べる練習をする機会がいくらでもあり、すぐに上手になるからだ。散らかし防止対策はいくらでもあるし（110ページ参照）、多くのお母さんやお父さんはすぐに気づくと思うが、スプーンで与えてもかなり散らかるのだ。

ウィリアムはピューレをまったく食べなかったけど、あれ［ＢＬＷ］はうまくいった。スプーンで食べさせたサミュエルのときのように、食べ物でもめることもなかったね。ウィリアムはたいていの子供なら見向きもしないような食べ物がお気に入りで、コショウと辛いものが好きときている。あの子は食べ物の守備範囲が広く、ほかの子供と比べたらまさに驚異だと言われたよ。あの子は何でも試してみようとするんだ。

——ピート／サミュエル（5歳）、ウィリアム（2歳）、エドワード（6か月）のお父さん

第2章　赤ちゃん主導の離乳の効果とは?

美は準備万端整ったところに存在するのよね。赤ちゃんがお座りができ、手を伸ばして食べ物をつかんで口に運び、口の中で動かしてから飲み込んだら、赤ちゃんの胃腸の準備はできているということ。自然にしたがえば、間違いは起こらないわ。

——ヘイゼル/イーヴィ(8歳)、サム(5歳)、ジャッキー(1歳10か月)のお母さん

能力が育つ

固形食を食べるようになるのは、赤ちゃんの発達にとって自然なことである。ハイハイしてひとり歩きをし、おしゃべりを始めるのと同じだ。正常に成長している証だ。ほかの赤ちゃんと比べて発達の早い子もいるが、どの赤ちゃんの発達も一定のパターンにしたがっていて、新しい能力は遅かれ早かれ同じ順序で得られる。たとえば、大部分の赤ちゃんは次のような動作が以下の順番ででで

きるようになる。

・寝返りを打つ
・お座りをする
・ハイハイする
・ひとり立ちする
・歩く

この原則は、食物を摂取することにも当てはまる。

赤ちゃんは、教えられなくてもこうした能力を発達させる。言い換えれば、赤ちゃんは実際は「学ぶ」のではなく、自然にできるようになるのである。ゆっくりと発達する能力もあれば、ひと晩で一気に発達したようにみえる能力もある。それらは赤ちゃんがいろいろな動きを練習してひとつにまとめあげた成果である。そうした能力は、誕生した瞬間から途切れることなく発達し続けている。初期の動きは本能的なものが多いが、筋肉をコントロールできるようになるにつれて、赤ちゃんは目的を持って行動するようになる。

どの赤ちゃんも、食べることに関連する能力を自分で発達させるが、食べ物をつかむ練習をする機会のあった赤ちゃんは、スプーンで食べ物を与えられる赤ちゃんよりも早く上達する可能性がある。赤ちゃんは以下の順序で自分で食べる能力を自然に発達させる。

・母親の乳房をしっかりくわえる
・興味のあるものに手を伸ばす
・ものをつかんで自分の口に持っていく
・唇と舌を使ってものを調べる
・食べ物を噛み取る
・繰り返し噛む
・飲み込めるように、口の奥のほうに食べ物を運ぶ
・親指と人差し指で「はさんで」小さなものを拾い上げる

生まれてすぐに赤ちゃんのほぼ全員が、おっぱいまでの道のりを自分で本能的に見つけ、しっかり乳房をとらえて母乳を飲むことができる。正期産《せいきさん》［妊娠37週0日〜41週6日の間のお産］で生まれた健康な赤ちゃんはみな、この生存能力がちゃんと備わっている。また基本的な嚥下《えんげ》反射も出現する。おっぱいや哺乳びんの乳首を吸う吸啜《きゅうてつ》行動［吸啜とは「強く吸う」こと］で母乳やミルクは赤ちゃんの口の奥へ運ばれ、そこで嚥下のメカニズムが機能しだす。

3か月頃から、赤ちゃんは自分の手に気づくようになる。視覚に入るようになり、顔の前で振り、まじまじと見るようになる。手のひらに何かが触れたら、自発的に手を握る。徐々に自分の手を意図的に口のほうに持っていくようになる。この月齢の赤ちゃんだと筋肉はまだあまりうまく協調運動できないので、誤って自分の顔をたたいたり、握ったものに気づいて驚いたりするかもしれない。

4か月頃には、興味がわいたもののほうに手を伸ばすことができるようになる。動きが洗練されてくると、赤ちゃんは腕と手を正確に動かして興味のあるものをしっかりとつかみ、口に運べるようになる。赤ちゃんの唇と舌の感覚はとても鋭いので、握っているものの味、舌ざわり、形、大きさがわかるようになる。

赤ちゃんはみな自分のまわりにあるものに関心があるので、6か月くらいになると、大部分の赤ちゃんはものをつかみ、かなり正確に口に運ぶようになる。食べ物をじっと見て、手を伸ばしてつかむ機会があれば、おもちゃと同じように口に持っていくだろう。とはいえ、自分で食べているように見えたとしても、実際には食べ物は飲み込まずに、唇と舌を使って調べているだけだ。

6か月から8か月にかけて、いくつかの能力が次々と開花する。最初は、食べ物のごく一部を歯ぐきで――生えていれば歯で――嚙み取ったり、しゃぶったりできるようになる。それからすぐに、口の中に食べ物をしばらく入れておく方法を発見する。赤ちゃんの口の大きさと形は成長とともに変化するので、この頃には舌を上手にコントロールして、食べ物を口の中で動かしたり嚙んだりすることができる。けれどもこの段階では、赤ちゃんがまっすぐ座っていればまず間違いなく――食べ物は飲み込まれることなく――口からこぼれ落ちてしまうだろう。

標準的でない発達

ものに手を伸ばして口に入れるのは、乳児の正常な発達のひとつである。6か月の赤ちゃんの多くは固形食を食べる準備はできていないものの、そのほとんどは手と口を使って熱心にさわったり調べたりするようになる。ただしごく少数の赤ちゃんは、そうした能力の発達が阻害されるような身体状態にある（腕の筋肉の弱さや口の形態異常など）。まれなケースではあるが、離乳が始まるまで赤ちゃんのそうした身体状態に誰も気づかないことがある。6か月の赤ちゃんが、ものをつかまない、口に運ばない、しゃぶったりしない場合は、全般的な発達を知るために新生児訪問の保健師か医師に診てもらうのがよいだろう。

口の奥でおっぱいや哺乳びんから直接吸う母乳やミルクと違い、固形食は口の中で活発に動かさなければならない。これは、赤ちゃんが繰り返し噛む方法を知ったあとに初めてできることである。つまり少なくとも1、2週間のあいだは、赤ちゃんがまっすぐ座って気をそらさないでいられたとしても、赤ちゃんの口に入る食べ物はどんなものでも結局は口から出てきてしまうということだ。赤ちゃんが離乳食を飲み込めるようになるのは、舌と頬と顎の筋肉がちゃんと協調運動して、よく噛んだ食べ物を「丸い固まり」にして喉のほうへ意図的に移動できるようになってからである。これは窒息の可能性を最小限にするための生まれながらの安全装置だ。だがこの安全装置が働くのは、食べ物を自分で口に入れられる赤ちゃんだけである。

BLW　わたしの場合

アーン（男子）があんなことをしなかったら、自分が無意識にBLWをしていたなんてわからなかったと思います。アーンが6か月になった頃、お姉ちゃんのイーヴィの隣に座っていたんです。イーヴィがテレビを観ていると、アーンはお姉ちゃんのサンドイッチをつかみ、ひと口食べました。それからは何を食べるかを決めるのはアーンになり、もうわたしではなくなりました。アーンは食べたいときに食べたいものを食べ、とてもご機嫌になりました。

イーヴィのときはまったく違いました。イーヴィの離乳を始めたのはやっと5か月になった頃で、ひどいものでした。初日はわたしが泣いてしまいました。まだちゃんとお座りできないからリクライニングチェアに座らせたんですが、口からピューレがぽたぽた垂れてしまって……。それに食べ物をやわらかくするのに必要な母乳をしぼり出すのが大仕事でした。

だから夫とわたしは、アーンの離乳を始めるのを少し遅らせることにしました。そしてアーンがお姉ちゃんのサンドイッチをひと口かじった事件のあとで離乳食を作ってみましたが、アーンはスプーンで食べさせられるのを嫌がりました。わたしたちは「食べ物をそのままあげるのはどうだろう？」と考えました。

アーンはまずブロッコリーを食べ、それからニンジンを食べ、やがて肉やほかのものも食べるようになりました。お姉ちゃんよりもずっとバランスの取れた、コントロールされた食事です。イーヴィには、食べ物を何もかも拒絶した段階がありました。せっかくピューレを作ったのに食べなかったんです――とてもつらかった。ところがアーンのときはどの段階もとてもスムーズでした。だからジョージも同じようにするつもりです。

――ポリー／イーヴィ（6歳）、アーン（4歳）、ジョージ（6か月）のお母さん

9か月頃になると、赤ちゃんは親指と人差し指を使って小さなものや食べ物をつまむようになる。これができるようになると、レーズンやエンドウ豆のようなごく小さなものを口に運べるようになる。

毎食自分で食べることを許された赤ちゃんは、「指先でつまむ」などの技術を磨く機会が一気に増える。すぐに自信がつき、上達するだろう。準備ができたときに歩き出すように、赤ちゃんは準備ができたときに――機会さえ与えられれば――固形食を食べ始める。

BLWについて教えてもらって、「なるほど！」と思ったわ。初めての赤ちゃんのときにこのやり方にピンとこなかったなんて、何てバカだったのかしら。だからジョンのときは、自分で食べるだろうと夫もわたしもわかっていた。上のふたりを見てきたから、十分あり得ることだわ。食べ物をスプーンで与えてからフィンガーフード、なんて必要もないしね。BLWで十分のはずだから。

――リズ／ヘザー（8歳）、エドウィン（5歳）、ジョン（1歳8か月）のお母さん

自分で食べるのは自然な能力

自分で食べるのは、赤ちゃんにとって自然なことだ。赤ちゃんはおっぱいを見つけて口にくわえたとたん、お腹のすき具合や喉の乾き具合によって、母乳をどれほどの速度で、どれほどの量を飲めばよいのかをコントロールする。もちろんミルクで育てられている赤ちゃんにもそうした能力はあるが、ミルクを与える人が赤ちゃんの出すサインに応じて量を決めるので、食べ方をコントロールする力はやや落ちる。

自分で食べる能力は消えることはない。それは赤ちゃんの成長につれて発達し、成熟する。子供が2、3歳になったら、たいていの親は「子供に食べさせなければ」とは思わない。自分で食べられると思っているからだ。自分で食べるという自然な発達過程をスプーンで与えることで中断させる、そのうえ、自分で食べる時期を赤ちゃんでなくお母さんやお父さんが決定するなんて、理にかなっていないのではないだろうか。

BLWなら、自然な発達過程に数か月間割って入って何かをする必要はないし、そこから出る時期を決める必要もない。赤ちゃんはずっと自分で食べ続ければいいだけのことだ。

BLW　わたしの場合

本当は母乳で育てたかったのですが、チャールズが黄疸《おうだん》［母乳性黄疸は母乳を飲んでいる新生児の1～2％に生じ、5～7日齢に現れ、約2週でもっとも強くなり、3～12週間続くことがある］になったときに誤った情報を与えられて、とうとうミルクに切り替えてしまいました。でもチャールズに多少コントロールしてほしかったので、飲みたいときに与えるようなやり方をしていました。新生児訪問の保健師さんから言われたことがきっかけです。「お腹がすいているように見えたら、そのときミルクをたっぷり与えなさい」って。しばらくすると、「この子は飲みすぎだから与える間隔を空けたほうがいい」と言われました。だから機嫌が悪くなっても哺乳びんをすぐに与えないようにしました。一緒に遊んで、ほかのことに目を向けさせました。でもあの子はミルクを飲むことを自分でコントロールできていないし、わたしも不安になりました。そこでチャールズ自身がコントロールする力を取り戻し、わたしが本当にやりたかった自然な育児法に戻る方法を探しました。

そんなとき、インターネットでBLWのことを知りました。説得力があるように思いました。アドバイスの大半は母乳で育てられている赤ちゃん向けのようでしたが、調べたらミルクで育てられた赤ちゃんが実践してもかまわないんだとわかり、チャールズが3か月になった頃にはBLWを始めてみようと決意していました。育児に関して、わたしがこれまでにした最善の決断でした。チャールズはBLWにすんなり慣れ、満足していました。

わたしはミルクで育てていたから、そのぶんあの子が飲んだ量を正確につかむことができました。だからある意味、ちょっと楽だったと思います。チャールズがあまり食べたくなさそうな日にはミルクの量が増えるので、すぐにわかりました。わたしがやりたかったのは、こんなふうに離乳食を始めることでした――おかげでチャールズにコントロールする力が戻ってきました。

――ロージー／チャールズ（9歳）、ローアン（6歳）のお母さん

母乳かミルク――BLWにとって違いはあるのか？

赤ちゃんが母乳、ミルク、混合のどの方法で育てられたかによってBLWの始め方に違いが出るのかどうかについては、まだ研究されてはいない。母乳はお母さんが食べたものによって味に変化が現れるので、母乳で育った赤ちゃんは家族の食事の味を予想できること、また、母乳を飲む動きのなかには咀嚼行動が含まれているので、離乳食への準備に役立つことはわかっている。断乳する場合も、ミルクで育った赤ちゃんとは少し違ったやり方で取り組む必要があることもわかっている（188と246ページ参照）。

とはいえ、母乳かミルクかの違いによってBLWの始め方を変えるべきだとする根拠は見つかっていない。哺乳びんで飲むのに慣れている赤ちゃんでもすぐに離乳食をぱくぱく食べる子もいるし、食べるようになるまでに時間のかかる子もいる。それは母乳で育った赤ちゃんにも

言えることだ。またミルクで育てたお母さんやお父さんのなかには、必要な食べ物の摂取を——とくに初期段階に——赤ちゃんにすべて任せるのは問題だと思う人もわずかにいる。その一方で、赤ちゃんの食べ物への接し方を見て、必要な食べ物の摂取はできているように思う人もいれば、BLWは食べることをコントロールする機会を赤ちゃんに与えてくれる方法だと好意的に考える人もいる。

母乳かミルクか混合かの違いによってBLWのやり方が違ってくると考える必要はない。赤ちゃんの自由にまかせよう。赤ちゃんは自分なりの方法でBLWを実践するだろう！

離乳食を食べようとする動機

6か月の赤ちゃんが食べ物を口に入れようとする行動は、空腹とは無関係である。赤ちゃんは家族がすることをただまねしたいだけなのだ。まねをするのは赤ちゃんの好奇心のためであり、家族がすることは安全だと本能が告げているからだ。だから、お母さんやお父さんが手に持った食べ物を赤ちゃんが手でつかもうとするのは当然と言える。

赤ちゃんの発達の大部分——全部と言えるかもしれない——は、生存にかかわっている。赤ちゃんはどの食べ物が安全で、どの食べ物が有毒かを知る必要がある。だから、お母さんやお父さんが口の中に入れるものを観察する。こうした行動は、ものをつかむために腕と手をどう使えばいいのかがわかり始めるのとほぼ同時に起こる。赤ちゃんの好奇心は旺盛だ。何かをつかみたいと思ったら、そのために必要な動きを繰り返し何度も練習する。そして何か新しいものをつかめたら、それが何なのかを調べるためにほぼ間違いなく口に持っていく。だから赤ちゃんが食べ物を初めて口に入れるときは、それが食べ物でない何かのように扱うだろう。赤ちゃんはそれに特別な味があるとか、食べられるものであるとかはまったくわからない。もしひと口噛み取れたら、歯ぐきで噛んで、その舌ざわりや味に気づくが、飲み込む可能性はまずない。

食べ物を自分で口に運ぶのを許された赤ちゃんは、それができるようになるとすぐに食べ物の舌ざわりと味の違いを知るようになり、やがて飲み込めるようになる。そしてお腹に食べ物が入ると空腹を感じなくなることを、少しずつだがわかるようになる。こうして食べ物と空腹が赤ちゃんのなかで結びつき、食べ物を手でつかむ動機が変化する。この変化が起きるのは、通常は8か月から1歳くらいのあいだである。このタイミングは実に見事だ。こうして赤ちゃんは栄養のある食べ物を初めて本当に必要とするようになるのである。

早く始めても大丈夫?

この答えは、「始める」をどう定義するかで決まる。赤ちゃんのなかには6か月になる前から食べ物に興味を持ち始め、お母さんやお父さんのお皿の食べ物を手でつかむ子もいる。だがこれはお腹がすいているとか、離乳食を噛んだり消化できたりするということではないので、実際には家族と一緒に食べる準備はできていないかもしれない。けれども、食べ物を手でつかむ準備はおそらくできている。

スプーンで与えられている赤ちゃんの場合、離乳食を初めて与えられた瞬間に食べることを期待される。つまり、離乳の「始まり」は赤ちゃん本人以外が決める。しかしＢＬＷの場合は、赤ちゃんが食べ物に初めて出会った日と、口いっぱいの食べ物を初めて飲み込んだ日は一致しない。数日あるいは数週間の間隔を置いて起こることが多い。

ＢＬＷでは、赤ちゃんに食べ物をつかむ機会を与え始める時期を決めるのはお母さんやお父さんだが、食べ物をつかむ準備ができて食べ始める時期を決定するのは赤ちゃんだ。そして、たとえもっと早い時期にそうした機会を与えられていても、６か月になる前に固形食を実際に食べ始めるＢＬＷの赤ちゃんはほんのわずかだ。

ほかの栄養素が必要

赤ちゃんが６か月くらいになると母乳は変化し、もはや赤ちゃんには「十分」なものではなくなる、という神話がある。これは正しくない。赤ちゃんが生まれて６か月後でも——２年後でも——母乳の栄養価は変わらない。母乳は乳幼児にとって、ほぼ永久にもっとも栄養学的にバランスのよい食べ物であり続ける。変化するのは母乳ではなく、赤ちゃんが必要とする栄養素のほうだ。

赤ちゃんは子宮にいるあいだに蓄積された鉄や亜鉛といった主要栄養素を体に蓄えて生まれてくる。そうした蓄えは生まれた瞬間から消費されるが、授乳によって十分な量を得られるのでまだ多量に蓄えがある。ところが6か月以降はそのバランスが徐々に崩れ、授乳から得られる量では足りなくなり、日々の食事から摂取していくことになる。

このようにほとんどの赤ちゃんは6か月になると授乳だけでは栄養が不足する――このことを理解することが大事だ（正期産の赤ちゃんはたいてい、もう少し大きくなるまで難なくやっていけるだけの栄養素、たとえば鉄を十分に蓄えているので、ひと晩でなくなってしまうというようなことはない）。6か月くらいになると離乳が始まるので、赤ちゃんはさまざまなものを食べ、新しい味に慣れるのに必要な能力を発達させる。そして数か月後には栄養の主要源として食べ物に頼るようになる。

赤ちゃんが多くの栄養分をますます必要とする時期と、自分で食べる能力の段階的な発達の時期は一致しているように見える。実際、6か月の頃は栄養分の蓄えはまだたっぷりあるものの、ほとんどすべての赤ちゃんは食べ物をつかんで口に運び始める。さらに栄養分が必要になる9か月頃には、BLWの赤ちゃんの大部分がバラエティーに富んだ家庭料理を食べるのに必要な能力を発達させる。それにより、赤ちゃんは必要な栄養分を十分に得られることになる。BLWを実践しているお母さんやお父さんの多くが、赤ちゃんは前よりも目的を持って――まるで目の前の食べ物が本当に必要だと本能的に知っているかのように――食べているように見えると報告するのは、この月齢の頃である（赤ちゃんによってかなり違いはある）。

出生時の臍帯クランプが赤ちゃんの栄養分の蓄えにどのような影響を与えるか

１９６０年代以降、世界のほとんどの地域で、赤ちゃん誕生直後に臍帯《さいたい》をクランプで留めてから切断することが日常的に行われた。しかし研究により、早めの臍帯クランプは赤ちゃんの健康に不利な影響を与えるかもしれないことがわかった。[1] クランプで留めなければ臍帯は最長5分間脈動し続け、胎盤から栄養豊富な血液が赤ちゃんに送られる。脈動が終わる前に臍帯を切断するということは、いくつかの重要な栄養素、とくに鉄の最適供給量を下まわったまま、赤ちゃんは子宮の外で人生を始めるということになる。脈動が終わるまで臍帯を付けたままにしているだけで、少なくとも6か月、ことによるとそれ以上の期間、充当できるだけの大量の鉄が供給される。

授乳の重要性

6か月から9か月にかけての赤ちゃんの授乳量はほぼ一定であるが、離乳食の量は少しずつ増えていく。赤ちゃんが離乳食をたくさん食べるように、お母さんやお父さんは授乳量を減らしたほうがいいと考えがちだが、それは賢明ではない。授乳量が減って離乳食に取って代わるようになるのは9か月頃からである。赤ちゃんが自分で離乳の開始とその進み具合を決められる場合は、多めの離乳食と少なめの授乳量という本来の道を進むことになるだろう。

赤ちゃんが真剣に離乳に取り組み、授乳の重要度が低下しはじめる時期は、赤ちゃんによって異なる。6か月くらいでいきなり食べ物を飲み込み始め、9か月までに母乳やミルクの量をすでに減らし始める赤ちゃんもいれば、離乳が非常に遅く、8か月をだいぶ過ぎるまで固形食を手に取って調べることくらいしかまったく興味を示さない赤ちゃんもいる。10か月、あるいは1歳になってもまだほんの少量しか食べない赤ちゃんもいる。もちろん、その中間に位置するさまざまな組み合わせの進み方をする赤ちゃんもいる。夢中になって始めたのに数週間後には失速したように見える赤ちゃん。逆に離乳食になかなか関心を示さなかったくせに、ひとたび興味を持つとハイスピードで進む赤ちゃん。

多くの赤ちゃんは一気に進んだかと思うと、変化のないような週と、毎日新しいことをするような週が交互に訪れる。これらはすべてきわめて正常なことであり、ピューレを与えたときにお母さんやお父さんが期待するような「着実で段階的な進歩」とはまったく異なる。

従来の離乳法の問題点のひとつは、赤ちゃんがたどると思われていた「段階」という考え方です。BLWはこれをすっかり取り払いました。

——ヘレン／栄養士

噛む能力を発達させる

なめらかなピューレから始めて徐々に小さく切った食べ物へと進めることで赤ちゃんは噛むことを覚える、と思い込んでいる人が多い。しかしそれは間違いだ。赤ちゃんの口腔が発達するにつれて、食べ物を何とか噛めるようになるのだ。噛むのが上達するのは、噛むことを刺激する食べ物で練習するからであって、まったく噛む必要のない楽に飲み込めるような食べ物では練習にならない。

噛むのに歯はいらない

6か月の赤ちゃんは歯が1本以上生えているのが普通だが、全員がそうというわけではない。歯が生え始めたかどうかで、食べ物を噛み取ったり、しゃぶったり、よく噛んだりする能力に大きな差が出るわけではないようだ。とはいえ、生のニンジンのようなとても硬い食べ物はもっと月齢が高くなるまで待たなければならない。歯ぐきは噛んだり、もぐもぐ食べたりするのにとても役に立つ――母乳で育てたお母さんなら、赤ちゃんに乳首を噛まれて痛い思いをしたことがあるからわかるだろう！

オーティスはまだ歯が生えていないけど、上のふたりも1歳を過ぎるまでまったく歯が生えなかったから、噛むのに歯はいらないってわかっていた——ふたりとも1歳のときには家族の食事を普通に食べていたもの。

——セイディー／エレン（9歳）、トマス（5歳）、オーティス（8か月）のお母さん

スプーンからものを食べられるようになるのは発達上の重要な能力と昔は考えられてきたが、今ではそれは赤ちゃんが成長すると自然に消失する反射運動と関係していることがわかっている。生後数か月間、赤ちゃんは「押し出し反射」あるいは「舌挺出反射《ぜっていしゅつはんしゃ》」を出現させる。これはおっぱいや哺乳びん以外のものをすべて口から押し出すために無意識に行う反射運動である。固形物を飲み込んでしまったり、吸い込んでしまうのを防ぐための安全装置と言ってよいだろう。月齢の低い赤ちゃんにスプーンで食べさせようとする行為はこの反射運動と対立することになるので、食べ物が散らかってしまう原因になる。この舌挺出反射《ぜっていしゅつはんしゃ》は、スプーンで食べさせられていようがいまいが、4か月頃には自然に消失し始める。かつては「赤ちゃんがスプーンに慣れてきた」などと言ったものだが、実際は舌挺出反射《ぜっていしゅつはんしゃ》が消失したにすぎない。

成人は口や舌の筋肉の使い方を意識することはない。けれどもチューインガムを片方の頬からもう片方の頬へ移動させたり、サクランボやオリーブの種を吐き出すために果肉と種を分けたり、歯にはさまった魚の骨や食べ物のかけらを取り除いたりする動きは、きわめて複雑である。舌を使って口の中で食べ物を動かせるようになるのは、食事と会話にとってはもちろんのこと、安全と口腔衛生にとっても重要であり、こうした能力を身に付ける最善の方法は、さまざまな舌ざわりの食べ

物でたくさん練習することである。

サクサクした食べ物、歯ごたえのある食べ物、ねばねばした食べ物、水分の多い食べ物は口の中でそれぞれ違った舌ざわりがする。それ相応の扱い方が必要だ。さまざまな舌ざわりと出会う機会があればあるほど、赤ちゃんは食べ物の扱い方がますます上手になり、新しいものを進んで試してみるようになる。

「機会の窓」とは？

4か月から6か月にかけての期間は、赤ちゃんに新しい味と舌ざわりに慣れる時期――「機会の窓」の時期だと言う人たちがいる。これを逃すと赤ちゃんは離乳食を嫌がるようになり、離乳の開始がむずかしくなると彼らは心配する。6か月になるまでに離乳食をひと口も食べたことがない赤ちゃんは、離乳というものを受け入れないように見えると彼らは不安がる。

残念ながら赤ちゃんに食べさせる方法としてスプーンで与えるやり方が長いこと受け入れられていたので、つい最近まで、赤ちゃんが拒絶しているのは「食べ物」ではなく「与え方」ではないかという疑問を研究者が抱くことはなかった。しかし現実には、自分で食べるのを許された6か月以上の月齢の赤ちゃんは、新しい食べ物を試すのにとても熱心だ。そして何でも自分でするのが好きな「有能な子」でもある。新しい味や舌ざわりに慣れるのに理想的な時期があるとしたら、それは赤ちゃんが自然に食べ物を口に持っていき始める6か月頃だろう。

腹八分目——食欲をコントロールする

いつ食べ終えるべきかを知ることは、肥満を防ぎ、何歳になっても自分の身長に合った適切な体重を維持するために重要である。お腹いっぱいになったら食べるのをやめる——当たり前のことのようだが、大勢の子供は（そして成人も）これを実行できない。

多くのお母さんやお父さんは、自分の子供は十分に食べていないのではないかと不安になる。食べ物は本来、養育と愛とに深く結び付いている。わたしたちは子供に自分たちの愛の深さを示したくなる。食べ物を与えるのは、そのひとつの方法なのである。と同時に、自分たちが用意したものを子供が食べてくれないと拒絶されたように感じる。こうしたもろもろの感情は、赤ちゃんはどれくらいの量を食べるべきかという非現実的な期待と結び付くので、多くの乳幼児は必要以上に食べさせられることになる。これでは過食になってしまう。極端な場合になると、拒食症や食べ物恐怖症のような問題を抱えることになる。いずれにしろ、正常な食欲をコントロールする能力の発達が危険にさらされる。

赤ちゃんに欲しくもないものを食べさせるのは、とくにスプーンで与えているときは簡単にできてしまう。一方、自分で食べることを許された赤ちゃんは、自分の食べる量を自然に調整する。お腹がいっぱいになったら食べるのをやめるだけだ。つまり、必要な分だけを食べて、それ以上は食べないということだ。

エリンの食べ物に対する態度は見事だったわ。自分の食欲をコントロールできるから、お腹がすいたら食べて、いっぱいになったらやめる。それだけ。それがどんなにすばらしいことかをまったく理解できない人たちがいるわ。この国の食生活は混乱しているから。

——ジュディス／エリン（2歳）のお母さん

食べる速さも重要だ。とりわけ早食いと肥満は切っても切れない関係にある。多くのお母さんやお父さんが乳幼児に食べ物をスプーンで与えるのは、手づかみ食べよりも短時間で済むからだ。手づかみ食べでは、赤ちゃんは自分のペースで食べる。食べ物をつかむのに必要な時間をたっぷりかけるだろう。赤ちゃんがひと口分を嚙むのにどれほどの時間をかけるのかを知ると、たいていのお母さんやお父さんは驚いてしまう。だが赤ちゃんが食べる量と食べる速さをコントロールするということは、食事が楽しくなるだけでなく、お腹がいっぱいになったときを赤ちゃんがすぐにわかるということも含んでいる。

年長の子供や家族が抱える食の問題の多くは、食欲をコントロールしているのは誰かという問題に起因するようだ。実際、こうした家族を担当する医療従事者は、「食の主導権を子供に返す」ようにお母さんやお父さんに求めることから始める。そもそもこの主導権が乳児期に奪われることがなければ、たとえば拒食や過食といった問題がこれほど広がりを見せることはなかったと思われる。

スプーンで食べさせていると、トリスタンが食べ終わったのは、もう欲しくなくなったからなのか、それともスプーンを支配するのは誰かという権力闘争なのか――見極めるのがむずかしかった。

――アンドルー／トリスタン（4歳）とマデリン（7か月）のお父さん

BLWについて言えば、赤ちゃんが自分でコントロールしている点が気に入っています。わたしは食に問題のある赤ちゃんをたくさん見てきましたが、必ずと言っていいほど自分で食事をコントロールしていないことが原因です。

ヘレン／栄養士

喉に詰まらせないか？

研究によれば、スプーンで与えるよりもBLWのほうが食べ物を喉に詰まらせる危険性は低い。[2] けれども赤ちゃんが手づかみ食べをするのを見慣れていない多くのお母さんやお父さん、おばあちゃんやおじいちゃんは喉に詰まらせるんじゃないかと不安になるようだ。基本的な安全策（89ページ参照）を知っていれば、BLWで喉を詰まらせる可能性はむしろ低い。

喉に詰まらせるのではないかという不安が生じるのは、赤ちゃんが食べている最中に吐きそうになったり、せきこんだりむせたりしているのを見て、喉に詰まらせていると思い込むからだ。吐きそうになったり、せきこんだりする反射運動は、実は喉に詰まるのを防ぐためのものだ。

◉咽頭反射

食べ物を吐きそうになるのは、大きすぎて飲み込めないときに食べ物を前方に押しやって吐き出す動きのためである。嘔吐と同じような動きだ。手づかみ食べをしている赤ちゃんはこれが気にならないようで、何事もなかったかのように食べ続ける。

成人の場合、咽頭《いんとう》反射は舌の奥近くで引き起こされる。たとえば喉に近い舌の上に指を置くだけで、舌の奥が盛り上がり、指を前に押し出そうとするのが感じられるだろう。このとき同時に気道が閉じられ、食べ物が入るのを防ぐ。しかしこの反射運動は、6か月の赤ちゃんの場合は舌のかなり前で引き起こされる。だから成人よりも簡単に起こるだけでなく、反射の原因となる食べ物が気道からかなり離れていても起こる。6、7か月の赤ちゃんが吐きそうになっているように見えても、喉に詰まらせて危険な状態に陥ることはめったにない。

咽頭反射は、安全にものを食べる方法を身に付ける際に重要な役割を果たす。赤ちゃんが口の中に食べ物を入れすぎたり、口の奥に押し込んだりして何度か咽頭反射を引き起こすと、それはしてはいけないことだと学習する。手づかみ食べを経験していようがいまいが、月齢が進めば咽頭反射はしだいに減っていくものだ。つまり、食べ物が口の奥に近づかない限り咽頭反射は起こらなくなる。これは警告の初期サインとしては咽頭反射が有効ではなくなったことを意味する。したがって初めから手づかみ食べを許されなかった赤ちゃんは、この反射運動を利用して安全に食べる方法を身に付ける機会を逃しているとも言える。食べ物を手でつかむ頃になると（8か月頃が多い）、スプーンで与えられてきた赤ちゃんは、もっと早い時期から手づかみ食べをしてきた赤ちゃんよりも、咽頭反射を起こす確率が高いという調査結果がある。

咽頭反射は不安の種ではなく、安全装置であることを覚えておくことが大切だ。それが効果的に働くためには、赤ちゃんはちゃんとお座りができなければならない。お座りができていれば、口の奥深くに入ってしまった食べ物でもこの反射運動が起こることで——後ろではなく——前に押し出される。

まっすぐ座る

赤ちゃんが固形食に手を伸ばし、口に入れて喉に詰まらせないようにするためには、椅子に持たれたりぐったり座るのではなく、まっすぐ座ることが肝心だ。これは、誰の助けもなく座れるとか、しばらくのあいだ自力で座っていられるということではない。そもそも、大部分の赤ちゃんは8か月頃になるまでこうしたことはできない。要は、赤ちゃんが頭と体幹をまっすぐにして座れるかどうかだ。場合によっては、赤ちゃんが楽に手を伸ばせるように腰を少し支える必要があるかもしれない（第3章参照）。

◉せき反射

せきは、気道が危機に瀕したときに出る。気道をふさごうとしているものが何であれ、せきをしているあいだ気道は開き、（舌ではなく）肺から一気に送られる空気によって前に押しやられる。

せきは食べ物のかけらやひとさじの液体などでも引き起こされる。成人の場合、ビスケットのような砕けやすいものを食べているときに気をそらしたり、笑い出したりするとせきこむことがある。

喉に詰まらせてせきこむこととスプーンで与えられること

赤ちゃんが食べ物を喉に詰まらせてせきこむ場合、その多くは小さな食べ物をスプーンで与えられたときに起こる。なぜだろうか。なめらかなスープを飲むときのスプーンの使い方と、シリアルを食べるときのスプーンの使い方を思い出してほしい。もしスープを飲むときのようにシリアルを食べたら、シリアルは喉の奥にまっすぐ入り、すぐにせきこんで吐き出すだろう。赤ちゃんはスプーンで食べさせられているときは食べ物を吸い込みがちなので、あっという間に喉に詰まらせ、吐きそうになったりせきこんだりする。ピューレはとくに扱いがむずかしい。なぜならピューレは固形食よりも前に押し出しにくいからだ。せきこむ時間が長くなり、ストレスも溜まる。

赤ちゃんの場合、何かで気道が一部ふさがれたり、刺激されたりすると、それを取り除くために自然にせきこむことになる。たいていの赤ちゃんのせき反射は理にかなっているものだ。背筋が伸びていたり前かがみになっているのであれば、せき反射が起きているあいだは赤ちゃんの邪魔をしないほうがいい。せきこんで吐きそうになっている姿がただごとではないように見えても、これは赤ちゃんが問題に対処しているサインなのだ。

初めのうちは、アイザックが食べている最中にせきこんだりすると、あわてて抱き上げて背中を叩いていた。でもアイザックがしていることを実際によく観察したら、わかったの。詰まったものをせきで吐き出すまで待ってあげれば、それは必ず出てきて、あの子はすごく幸せそうに食べ続けるってことを。

——ルーシー／アイザック（8か月）のお母さん

●喉に詰まる

食べ物が本当に喉に詰まることは非常にまれだ。それは、咽頭反射やせき反射が回避され、肺からの空気が障害物を押し出せないときに生じる。本当に喉を詰まらせた赤ちゃんは、たいてい声が出ない。せきをすることができず、誰かほかの人が救急処置をして固まりを取り除かなければならない。喉が詰まる可能性が高いのは、次の4つの場合だ。

- 喉に詰まる危険性がとくにあると考えられる食べ物を与える（150ページ参照）。
- 誰かほかの人が赤ちゃんの口に食べ物（または飲み物）を入れる。
- 椅子にもたれて座っている。
- 食事中に赤ちゃんの気が散っている（ゲームやテレビで、あるいは急かされて）。

想像してみよう――誰かがスプーンに食べ物をのせて近づいてきて、あなたに食べさせようとしているところを。あなたはそれがどんな食べ物で、どれくらいの量なのかを調べようと、手を伸ばして近づいてくるスプーンを止めようとするだろう。またその食べ物がいつ、どんなふうに自分の口に入れられるのかをコントロールしたいと思うはずだ。こうした基本的なチェックをしておけば、食べ物が口の中に入っても、どう扱うべきかをあなたは予想できるからだ。喉に詰まるのを防ぐこともできるだろう。

ところがもし椅子にもたれて座っていたら、恐ろしいことになる。飲み込む準備ができる前に、重力によって食べ物が口の奥に入ってしまう可能性が高いからだ。このように、ものを食べる人は進行中の出来事をコントロールする必要がある――赤ちゃんも同じだ。

赤ちゃんが自分で口の中に食べ物を入れるとき、それは食べ物をコントロールしているということだ。食べ物を噛めるなら噛むだろうし、それを喉の奥に送ることができれば飲み込むだろう。そうしたことがまだできなくても、赤ちゃんがまっすぐ座っている限りは食べ物がこぼれ落ちるだけだ。自分で食べられるということは赤ちゃんがコントロールできるということであり、コントロールできるということは赤ちゃんは安全であるということだ。

食べ物を手でつかんで調べる機会があるということが、食事の時間を安全なものにするもうひとつの重要な点である。成人の場合、食べ物の色、形、舌ざわりによって、食べ物が口の中でどのように感じられ、どのような動きをするのかを経験からほぼ予測できる。だが赤ちゃんには予測できるほどの経験はまだない。まったく新たな関係を食べ物とのあいだで築き上げている最中なのだ。

赤ちゃんは食べ物を手でさわって調べることで、ひと口分の食べ物をどうやったら上手に食べられるのかを予想し、どの食べ物が大きすぎるのか、硬いのか、よく噛む必要があるのかを判断できるようになるのである。

手先が器用になっていくことと口腔内でできることがリンクして起こると、BLWの赤ちゃんは安全に食べられるようになる。手づかみ食べを始める頃の6か月の赤ちゃんは、レーズンやエンドウ豆のような舌で転がすのがむずかしそうな食べ物はつかめない。だから口の中に入れる可能性も低い。9か月頃になって初めて、赤ちゃんは小さなものをつかむために人差し指と親指を使って「指先でつまみ」始める。この頃までにさまざまな舌ざわりの食べ物を自分で食べる練習をしていれば、咀嚼能力はかなり向上しているだろう。つまり、レーズンをつまんで口に運べる頃には、ほぼ間違いなく安全に食べられると言える。このように重要なふたつの能力が同時に発達することが、BLWを安全にするためには欠かせない。

マグナスは――スプーンで離乳食を与えたせいか――大きくなっても口の中に食べ物を入れすぎることがよくあって、喉に詰まらせて、息が詰まりかけたこともあったわ。肉や魚介類のときが多かったわね（夫がマグナスの口からイカの身を引っ張り出したことがあったし、わたしがあわててマグナスの背中を叩いたこともあったわ）。手づかみ食べをしたレオンは何度か吐きそうになったことはあったけど、息が詰まったことなんてなかったわ。

――ジョイ／マグナス（6歳）とレオン（3歳）のお母さん

赤ちゃんは何を食べなければならないかを本当に知っているのか？

食卓に並べられた食べ物のなかから赤ちゃんが食べたいものを自由に選べる場合、選んだ食べ物が——1週間くらいの単位で考えると——バランスよく取れていることにお母さんやお父さんは驚く。赤ちゃんは食べるべきものを本能的によく知っているのではないかという疑問に対する研究報告は信頼できるものがこれまでほとんどないが、1920年代にアメリカの小児科医クララ・デイヴィス医師によって行われた「自主選択」の実験[3]は、一考に値する。当時は赤ちゃんの食べ物は厳しく制限されていたが、さまざまな種類の食べ物を与える重要性を説いたデイヴィス医師の知見は大きな影響力があった。しかし、赤ちゃんは食べるものを選べるかもしれないという彼女の考え方は廃れてしまったようだ——その後の世代では、まだ食べ物を選べない3、4か月の赤ちゃんに離乳食を与え始めてしまったためだろう。

クララ・デイヴィス医師の自主選択の実験

デイヴィス医師は、乳幼児が食べなければならない食品については、子供自身が一番よくわかっているという説を展開し、乳幼児に自分で選ばせたら何が起こるかを見極めようとした。実験が始まったとき全員が7か月から9か月にかけての赤ちゃんで、その月齢までもっぱら母乳で育てられていた（当時はそれが普通）。赤ちゃんは全部で33種類の食品を与えられ、毎食少しずつ組み合わせが違った。食べ物はどれも栄養があり、加工されていなかった。すりつぶされたものや味付けがされていないものが別々に並べられ、赤ちゃんは食べたいものは何でも――組み合わせも量も自由に――選ぶことができた。自分で食べても、お皿を指さして看護師に食べさせてもらっても良かった。

デイヴィス医師は、どの子供もとてもバランスの取れた食事をしていることに気づいた。成人の基準からすると、食べ物の組み合わせはユニークで意表をつくものだったが、実験が終わったときには全員が――最初から参加していなかった子供も含めて――栄養状態が良く、健康だった。彼らは多種多様かつ大量の食品を食べたが、それは同年齢の標準をはるかに上まわっていた。偏食や過食はよく見られたが（ある幼児は1日に7個も卵を食べた！）、別の日には別の食品を選び、バランスは取れていた。どの子供も進んで未知の食べ物に手を出し、当時の赤ちゃんが食べる「はず」のベビーシリアルと、牛乳がベースになった食べ物には誰も手を伸ばさなかった。

BLW　わたしの場合

次女のサスキアは食事中はよくわたしの膝の上に座り、6か月にならないうちからわたしたちのお皿の食べ物に手を伸ばし始めました。サスキアは食べ物をつかんでそれを自分の口にうれしそうに持っていくので、よく考えもせずに、直感のようなものでBLWを始めました。しばらくして、それを実践している人たちがいて、BLWという名前がついていることを知りました。BLWは本当に簡単ですから、お母さんたちは何世代にもわたって、とくにふたり目の子供のときにやってきたに違いありません。

いま思えば長女のリリーも手を伸ばして食べ物を取ろうとしていましたが、スプーンで与える一般的なやり方をしました。夫とわたしは順番に食事をし、ひとりが先に食べ、もうひとりがリリーに食べさせました。

赤ちゃん主導の離乳は手早くできて簡単ですが、かなり散らかります。ほんと、めちゃくちゃにね。けれどスプーンで食べさせるやり方は複雑ですし、いろいろ心配になってしまうんです。それに……スプーンだとうんざりしてくるの。長女のリリーのとき、わたしたちはいつも離乳食を用意しているか、食べさせているか、掃除しているかのどれかでした。まったく食べ物中心の生活でした。けれどBLWなら、食事の時間をうんと楽しんで遊んでるみたいな感じなんです。ずっとリラックスできますし。

——スーザン／リリー（3歳）とサスキア（1歳2か月）のお母さん

BLWと早産の赤ちゃん

早産の赤ちゃんに離乳食を始めるときは特別にしなければならないことがありそうだが、その赤ちゃんが標準より何週間早く生まれてきたかによってすべきことが決まってくる。妊娠36週ならほぼ正期産と考えてもよいが、27週だと明らかに正期産ではない。また、早産児は早く生まれるだけでなく、極端に小さいか、病気を抱えている場合が多い。あるいは、その早産にはなんらかの理由があり、その後の発達に影響が出てくるかもしれない。はっきり言えることは、たとえお勧めの方法ではあっても、すべての赤ちゃんに当てはまるわけではないということだ。

赤ちゃん主導の離乳は正期産の赤ちゃんに向く。なぜなら栄養上離乳食を必要とする時期と、赤ちゃんが手づかみ食べをするための発達上の準備ができる（能力が備わる）時期が一致するので、赤ちゃんは離乳食が必要になったらすぐに（たいていは6か月以降のいつか）自分で食べられるようになる。一方、早産の赤ちゃんの全般的な発達は、多少の差はあっても正期産の赤ちゃんと同じペースで進む――まるで予定日に生まれてきたかのように。つまり、6週間早く生まれたらその分だけ加算されて、7か月半くらいになるまでは離乳食に興味を示したり、手に取って口に運んだりはしないだろうということだ。しかしこの月齢になる前にいくつかの栄養素が余分に必要になる可能性はかなりある。なぜなら子宮の中にいた時間が不十分だったので標準的な蓄えができなかったからだ。

早産の赤ちゃんが離乳食をどれほど必要とするかについてはあまりわかっていない。赤ちゃんが自分で食べられるようになる前から母乳やミルク以外に特別な栄養素が必要だとしても、その与え方については意見はばらばらだ。薬としてサプリメントを処方される赤ちゃんもいれば、ピューレを与えられる赤ちゃんもいる。この場合はしばらくのあいだスプーンで食べさせる必要があるだろう。このようにそれぞれの赤ちゃんの事情に合わせて対処しなければならないものの、母乳やミルク以外に追加の栄養素を必要としない、または薬で栄養素を摂取している早産の赤ちゃんでも離乳食を試す価値はあるだろう——たとえ6か月をだいぶ過ぎるまで離乳食に興味を示さなかったとしてもだ。

一般に6か月以上の赤ちゃんが食べ物に興味を示したら、手で食べ物に触れたりつかんだりするようにすみやかにうながし、自分で食べる機会を与えてあげよう。しかし赤ちゃんが早産だったり、特別な病気や身体的な問題を抱えている場合は、担当の小児科医、栄養士か音声言語療法士にアドバイスを求めてから、BLWを唯一の方法として取り入れるか否かを決めるべきだ。

ショーンは4週間早く生まれたの。上の子のローナをスプーンで食べさせたせいか、BLWを始めると何もかもまったく初めてって感じでとまどったわ。ショーンは正期産の同じ月齢の子たちより少し〝遅れて〟いたけど、BLWを始めたことで、いろいろな発達のサインがわかりやすくなったわ。

——レイチェル／ローナ（14歳）とショーン（4歳）のお母さん

特別なケースのBLW

赤ちゃん主導の離乳のコンセプトは標準的な乳児の発達を中心に考えられているが、健康や発達に問題がある赤ちゃんは食事中に自主性を発揮する機会が得られないということではない。

発育の遅れ、筋衰弱または口、手、腕、背中の身体的異常を抱える赤ちゃんは（たとえばダウン症や脳性まひ）、サポートがなければ必要な栄養量を満たせないかもしれないが、かといって家族と一緒に食事をし、自分で食べることを頭から否定すべきではない。それどころか、BLWはそうした赤ちゃんには普通はむずかしい能力を、日増しに発達させる理想的な方法とも言える。たとえば、手づかみ食べに特徴的な手を口へ持っていく運動を繰り返すことで、手と目の協調運動と運動能力を発達させることができる。体幹の筋肉（コアマッスル）が弱い赤ちゃんは、食べ物をつかもうと前かがみになるたびに軽いトレーニングをすることになる。また噛み取ったりよく噛んだりすることで、顎舌骨筋《がくぜっこつきん》が弱かったり、動きにくい赤ちゃんにとってはトレーニングになるだろう。


わたしは大勢のダウン症の赤ちゃんにBLWを実践してきましたが、その結果は目を見張るものでした！　BLWは彼らが何をできるかについて説いているのであって、何ができないかについて語っているわけではありません。

——ジル／言語病理学者、食育指導者、母乳育児相談員

障害を抱えている赤ちゃんは手づかみ食べを始めるには少し時間がかかるかもしれないし、なかには専門家のサポートが必要な赤ちゃんもいるかもしれない。とはいえ、BLWの修正版も、赤ちゃんが家族と一緒に食べて自信をつけられるという点で大変効果がある。

消化器疾患のある赤ちゃん

ピューレは胃食道逆流症（GORD）の赤ちゃんに推奨されることがある。しかし、必要であるとか効果があるとかの確かな証拠はない。症状の改善が見られたとしたら、それは与えられた食べ物というより、赤ちゃんがまっすぐ座れるようになったことに関係しているように思える。

重篤な、あるいは複雑な消化器疾患のある赤ちゃんは特別な食べ物――手づかみ食べには向いていないもの――が必要なのかもしれないが、少なくとも自分の食べ物を自分でつかむことまで妨げるべきではない。

BLW　わたしの場合

妊娠中にふたり目の子ザファナイアがダウン症だと知ったときは、とてもショックでした。これからどうなるのかわたしたちにはまったく見当がつきませんでした。母乳や離乳食はどうなるのかしらと不安になりました。上の娘のときはBLWでうまくいったので、また始めるのをとても楽しみにしていたんです。ザファナイアが生まれてからは、とくに6か月が近づくにつれて、BLWについてますます考えるようになりました。わたしはあの子ができるだけ多くの能力を身に付けて自立することを心から願っています。でもダウン症の赤ちゃんは筋肉の緊張度が低く、同じ月齢の赤ちゃんよりもちゃんとお座りができるようになるのが遅いのです。また、ザファナイアが嚙んで飲み込むという協調運動ができるようになるのかと不安でした。

サポートが必要な赤ちゃんの母親として、いま大事にしている言葉は「仲間に入れる」です。この言葉の意味を伝えるのに食卓以上にふさわしい場所ってあるかしら？

ザファナイアが6か月になったとき、サポートがなくても座れそうでしたが、まだ準備ができていませんでした。7か月になると、スライスしたアボカドをつかもうとしました。最初はつかむのに四苦八苦していたので、手にアボカドをのせてあげました。あの子はそれをどうすればいいのか、わかっていました。次に与えたのは、くさび形をしたサツマイモ。これ以降は、わたしたちが食べているものは何でもすぐにあの子にあげました。

スプーンで与えたことは一度もありません。ザファナイアはいつも手づかみ食べをしていました。わたしが手を貸したのは、あの子に食べ物を手渡した最初の数週間だけです。ヨーグルトやスープをスプーンですくって、それを手渡したこともありました。たぶん9か月か10か月になるまではたくさんは食べませんでしたが、何でも手でさわったりつかんだり、試したりするのが好きでした。1歳になった頃から、母乳を飲む量が減ったのに気づきました。

本当にすばらしい経験でした。ザファナイアと食べ物の関係はとても良好です。家族全員が食卓に座って一緒に食べられるのは本当にすてきなことです。わたしたちは、一生役に立つ能力をあの子に身に付けさせました。あの子の運動機能は本当に進歩したので、ほかの治療でも役に立っています。BLWがそれに大いに貢献していることは間違いありません。これまで会……

った医療従事者の方はみんな、ザファナイアにひどく感心しています！

――セーラ／ザファナイア（1歳3か月）のお母さん

……

第3章　さあ始めよう

離乳食を始める数週間前から、ラーラは食事の時間になるとわたしたちと一緒に食卓に座っていたの。食べ物がわたしたちの口に運ばれていくのを目で追って、わたしたちと一緒に「エア噛み」をしてたわ。そんなある日ラーラはわたしの手からパンを取って、しばらくじっと見つめてから、ゆっくりと自分の口に持っていったの。でも口の中にうまく入らず、自分の頬を突いてしまった。わたしは手を貸したくてうずうずしていたけど、とうとうラーラはパンを自分の口に入れ、しゃぶってからむしゃむしゃ噛みだしたの——実際に飲み込んだようには思えなかったけど、わたしときたらおかしくらい興奮して、あの子が誇らしくて仕方がなかったわ。

——エマ／ラーラ（7か月）のお母さん

ＢＬＷへの準備

６か月を迎える頃になると、赤ちゃんは家族と一緒に食卓を囲みたがる――まっすぐ座れず、食べ物に手を伸ばせないにもかかわらず。この月齢の赤ちゃんは好奇心がとても強く、自分も仲間に入っていると感じて幸せいっぱいになる。一緒に座らせると、赤ちゃんは自分も進行中の出来事に参加していると感じる。そして食べ物を手でつかむ準備ができれば、赤ちゃんはそれを何らかの形であなたに教えるようになる。

ＢＬＷを始めるにあたり、何か特別なベビー用品を買う必要はない。あれば少し楽になる商品はいくつかあるが、必須ではない。赤ちゃん用のハイチェアは役に立つが、食事中は自分の膝の上に赤ちゃんを座らせて、皿に載った食べ物で自由に遊ばせているうちに離乳が始まる――そんな家庭も多い。ハイチェアにするにしろ、膝の上にするにしろ、赤ちゃんが食べ物をさわり始めたら、落ちたりしないか、背筋をまっすぐ伸ばした格好で座っているかを確かめよう。

家庭料理なら赤ちゃんが食べられるように簡単に変えられるので、赤ちゃんのために特別な食品を買ったり用意したりする必要はない（与えるべき食品と避けなければならない食品については第４章に詳述）。また、赤ちゃんは指しか使わないから、最初の数か月は食器さえいらない。食べ始める前に赤ちゃんの手がきれいなことを確認をするだけでいい。

最後に、多少散らかすことに対して準備をしておくといいだろう――食べ物について学習中の赤ちゃんは、最初の数か月はかなり散らかすはずだ（110ページ参照）。

ジェームズは食事中はいつもわたしの膝の上に座っていたから、7か月の頃になると食べ物をつかんで口に持っていくようになったわ。あの子が最初に食べたのは、すごくやわらかい肉だったのよ！　シチューを作って、肉の大きな固まりをあげたら、ジェームズはそれをしゃぶって、歯ぐきで肉の繊維を噛んでいたみたい。本当に楽しんでいるように見えたわ。

――セーラ／ジェームズ（2歳）のお母さん

いつ与えるか

離乳食の本の多くは、最初の数週間や数か月間に与える離乳食の「進め方」を紹介しているが、それは不要だ。昔は最初は1日1回から始めて、次に2回、最後に3回と段階を踏み、数週間かけて進めていくようにお母さんやお父さんはアドバイスされた。それは3、4か月で離乳食を始める赤ちゃんを対象にしていたが、その月齢では赤ちゃんの消化器官は成熟していない。6か月以上の赤ちゃんなら成熟しているので、新しい食べ物への反応はよいはずだ。だから6か月のときにすべきことは、食事のときはいつでも、朝食でも、昼食でも、夕食でも、おやつのときでも赤ちゃんを同席させることだ――赤ちゃんが疲れていたり、むずかっていない限りは。

赤ちゃんを座らせて食べ物を手でさわったりつかんだりさせるときは、赤ちゃんの空腹時を避けることがとくに大切だ。なぜなら離乳開始の最初の数週間は、食事の時間は空腹とは何の関係もないからだ。赤ちゃんは家族と一緒に食卓を囲み、遊びながら、家族のまねをする。この頃の食事は実際に食べる機会というよりも、学ぶ機会である。これは従来の離乳方法とはまったく違う。従来の方法では、食事の時間に赤ちゃんが空腹であることを確認するようにアドバイスされる。だがお腹がすいていたら、楽しみながら食べ物を手でさわって、自分で食べる能力を発達させることはできないだろう。ただイライラして混乱するだけだ——本当に欲しいのは母乳やミルクなのに、慣れていないおもちゃをあてがわれたときのように。

最初は、もう少しでBLWをあきらめそうになった。ステファニーは離乳食にまったく興味を示さないみたいだから、うまくいかないと思って。でもある日、ランチの前にあの子がすごくぐずったから、さっと母乳をあげてハイチェアに座らせたの。そしたらびっくり。ステファニーはニンジンをつかんで口に入れると噛み始めたの！　そのときやっと間違いに気づいたの。離乳食は、お腹がすいていないときに与えないといけなかったのよね。

——アナベル／ゾーイ（2歳）とステファニー（8か月）のお母さん

赤ちゃんが欲しがればいつでも授乳するという育て方をしていれば、赤ちゃん主導の離乳はとてもうまくいく。赤ちゃんは必要なだけ母乳やミルクを飲み、食欲とは別の活動として食べ物を手でさわったりして楽しむことができる。思い出してほしい。赤ちゃんは離乳食が自分のお腹をいっぱいにすることができるとはまったく思っていない。だから食事の用意ができたときに赤ちゃんがお腹をすかせていると思ったら、まず授乳すること。母乳やミルクを飲んで眠くなり、離乳食に興味を示さなくても心配無用。赤ちゃんがちゃんと起きているときに何かを与えればいいだけのことだ。

この段階で離乳食を与えそこなっても気にすることはない。あと数か月は離乳食から栄養を摂取するわけではないからだ。赤ちゃんができるだけ多くの機会を与えられて自分で食べる練習をするのはよいことだが、家族の食事に毎回参加させなければならないと考えたり、夕食のために赤ちゃんを起こしておかなければならないと考えたりする必要はない（107ページ参照）。赤ちゃんの空腹時に合うように食事の時間を設定してしまうお母さんやお父さんがほとんどだが、赤ちゃんが1歳ぐらいになるまではそんなことをする必要はない。

赤ちゃんは食べ物に興味を持っても、毎日気が変わるので予測がつかない。週に3日は毎食食べても、4日は母乳やミルクに戻るかもしれない。2歩進んで1歩下がるというこの自然な歩みは、お母さんやお父さんに勧められる厳しい「離乳の進め方」とはまったく違う。その自然な歩みをコントロールできれば、赤ちゃんは自分なりの食べ方を徐々に身に付けていくだろう。こんなふうにして赤ちゃんは、母乳やミルクを必要なだけ飲み続けながら、自分に合ったペースで離乳食に順応していく。

基本的な安全策を取る

次に述べるような基本的な安全策は、スプーンで与える場合も当てはまるが、大部分は自分で食べようとする赤ちゃんにとくに重要である。この情報を赤ちゃんの世話をしてくれる人と共有すれば、赤ちゃんが誰と一緒にいても食事の時間は安全なものになるだろう。

- 食べ物を手でつかめるように赤ちゃんをまっすぐ座らせる（70ページ参照）。膝の上で食べさせる場合は、赤ちゃんの体を安定させるために必要に応じてあなたの手で支える。ハイチェアで食べさせる場合は、巻いたタオルを赤ちゃんの腰のまわりに置いて安定させる。何かにもたれながら食べるのは危険なので、リクライニングチェア、ベビーカー、チャイルドシートで食べ物を与えない。
- 喉に詰まる可能性がある食べ物は赤ちゃんに与えない。絶対に避けるべきものがあることを理解する（たとえばナッツを丸ごと）。喉に詰まりそうなものは、安全に手づかみできるように工夫する（150ページ参照）。
- ほかの人が勝手に赤ちゃんの口に食べ物を入れないように注意する。赤ちゃんが自分で口に運べなかったら、安全に口に入れる準備はおそらくまだできていない。幼児やほかの人が「手助け」しないように注意すること！

・赤ちゃんが食べ物を手づかみしているあいだは、邪魔をしない。急がせたり、気をそらせたりしない――赤ちゃんは安全に食べるには時間がかかる。
・食べ物のあるところで赤ちゃんをひとりにしない。

フィンガーフード

ＢＬＷの初めの数か月で重要なのは、赤ちゃんが安全にかつ簡単に手でつかめて口に持っていけるような食べ物を与えることである。お母さんやお父さんのお皿からつかめるようなものならば、ほぼ何でも食べさせてよい（避けるべき食べ物は131～133ページ参照）。その食べ物が手づかみしやすいような形と大きさならば、赤ちゃんはイライラすることはないだろう。

６か月の赤ちゃんは手全体でものをつかむ。もう少し月齢が進むまでは、親指と人差し指を使って小さなものをつかむことはできない。つまり６か月の赤ちゃんは手全体を閉じて食べ物をつかむだろうから、食べ物の幅や厚みがありすぎてはいけないということだ。

この月齢の赤ちゃんには、手のひらからはみ出るような細長い食べ物が必要だ。初めて食べ物をつかもうとするとき、赤ちゃんはねらい通りに手を動かせないので、細長い食べ物なら短い食べ物よりもつかめる可能性は高くなる。少なくとも５センチの長さのスティック状の食べ物ならば、その半分は食べるのに使い、残りの半分はそれを握る「柄」として使える。ただしこの基準にこだわる必要はない。赤ちゃんがつかめそうなものはあなたならすぐにわかるだろう。たとえばブロッコリーには「柄」がすでについているので、最初の食べ物として理想的だ。すべての果物や野菜、ほとんどの肉は細長く切ったほうがいい。

もし野菜を与えるつもりなら、やわらかすぎても（赤ちゃんがつかもうとするとつぶれてしまう）、硬すぎても（簡単に噛むことができない）いけないことを忘れずに。家庭料理を赤ちゃん用にアレンジする方法については第4章に詳述した。

6、7か月の赤ちゃんは、握った手からはみ出た食べ物をしゃぶったり、噛んだりする。赤ちゃんははみ出た部分を少し噛み取るかもしれないが、何かほかのものをつかもうとしたときに柄の部分を落としてしまうだろう。これは最初の食べ物が気に入らなかったサインではなく、まだ手のひらをうまく開くことができないか、同時にふたつのことに集中できないかのどちらかである。8か月の頃には赤ちゃんは手のひらの中で食べ物をつかんでいられるようになり、この能力が発達するにつれて、もっと小さなものやつかみにくい形のものまで上手に扱えるようになり、「柄」はいらなくなる。

最初は何でもかんでも細長く切ったんですけど、長さが十分じゃなかったことに気づかなくて。ルーシーは手をおろすことも食べ物を手放すこともできなかった。食べ物が短いから、握った手からはみ出た部分がなくて食べられなかったのよね。すごくがっかりしたでしょうね。わたしはあの子に何ができて何ができないのか、わかってなかった。少しあとになってから、食べ物は長くして、つかむための「柄」が必要だったと気づいたんです。

――ローラ／ジョージー（10歳）とルーシー（1歳5か月）のお母さん

協調運動を向上させる

赤ちゃんが食べ物を正確につかめたり、握った手を開いて中の食べ物を取れるようになると、食べるために両手を使うという段階を迎える。これは協調運動の発達のひとつである。この段階で赤ちゃんは、空いている手を使って食べ物をつかんだ手を口に持っていけば、食べ物を口まで運ぶのは簡単だと気づく。赤ちゃんがこのことに気づいたとたん、口まで運べない失敗例はかなり減るだろう。

初期の段階では、食べ物を嚙んでいるあいだ、片手、あるいは両手を使って食べ物が口からこぼれないようにしている赤ちゃんがいる。これは、口を開けずに顎を開いたり閉じたりする方法をまだ知らないからだ。嚙んでいるあいだは口を閉じ続ければよいと学べば、最初のひと口を落とすことなく、赤ちゃんは手を使って次のひと口を準備できる！

痛い！

赤ちゃんは食べ物と一緒に自分の指を口の中に入れてしまうことがある。このこと自体は問題ないが、ときに指を――あるいは舌を――強く嚙んでしまうことがある。食べている最中に赤ちゃんがいきなり泣きだしたら、きっとこんなことが起こったのだろう。残念ながらこれを防ぐ方法はない。赤ちゃんが自分で回避する方法を見つけるしかない。指や舌を噛まずに食べられるようになるまで、泣き出したらすぐに抱きしめてキスをしてあげよう。

9か月になる頃には、人差し指と親指で小さな食べ物をつまめるようになる。やわらかいレーズンやエンドウ豆のような食べ物もうまく扱えるようになるだろう。またかなり正確に「浸《ひた》す」こともできるので、スティックパンやライスケーキでフムス［ゆでたひよこ豆に、練りゴマ、オリーブオイルなどを混ぜたペースト状の料理］やヨーグルトのようなどろっとしたものに浸すこともできる（どろっとした食べ物については152ページに詳述）。

月齢が低くてまだ食べられないようなものでも、赤ちゃんにたくさん与えて触れさせたりつかませたりするのはいいことだ。形や舌ざわりが違うものをたくさん手でつかめるようになれば、さまざまなものを食べるのに必要な能力が発達するだろう。こんなことまでできるんだと、やがて赤ちゃんに驚かされるだろう。

今ではミリーは食べ物の扱い方がうまくなったわ。ブロッコリーを食べるときは茎のほうをつかむの。そうすれば簡単に食べられるってことを知ってるのね。フルーツや野菜の食べ方も、皮の残し方もわかってるわ。

――ベス／ミリー（10か月）のお母さん

ブロンウィンはスティック状の食べ物をつかむよりも、手で食べ物をすくって口の中に入れるほうが上手になってきたわ。それにとっても小さなものでもつまめるのよ。食べ物をつかんだ手をすっぽり口の中に入れて、指をたっぷりしゃぶってからようやく手が全部出てくるなんてこともあるわ。

――フェイ／ウィリアム（4歳）とブロンウィン（7か月）のお母さん

次ページの表は、月齢が進むにつれて赤ちゃんがしそうなことと、赤ちゃんの能力に合った食べ物をざっと書き出したものである。能力の発達に合わせて赤ちゃんがイライラせずに簡単に扱える食べ物と、新しい舌ざわりや形の食べ物を試せるようにするのはいいことである。

食べ物を「与える」のではなく「提供する」

わたしたちは赤ちゃんに食べ物を「与える」ことばかり語るが、BLWで実際にしているのは「提供する」ことである。赤ちゃんの手の届く範囲に――お母さんやお父さんのお皿かテーブルかハイチェアのトレイに――適切な大きさの食べ物を置いて、それでどうするかは赤ちゃんに決めさせる。赤ちゃんはそれで遊んだり、落としたり、塗りたくったり、口に持っていったりするが（ただ匂いを嗅ぐだけかもしれない）、食べるか食べないかを決めるのは赤ちゃんだ。

あなたは赤ちゃんの口に食べ物を入れたくなるかもしれない。しかし赤ちゃんにとっては、自分

月齢	赤ちゃんがしそうなこと	どんな食べ物を与えるべきか
6〜8か月	食べ物に手を伸ばして、手全体を使って、いわゆる握力で食べ物をつかみ始める。手の中にあるものを取るために握った手を開くことはできないが、手の先からはみ出している食べ物を歯ぐきで噛んだり、しゃぶったりする。だんだんと食べ物を口に正確に運べるようになる。	大き目のフィンガーフード（縦5センチ、横1〜2センチ）。たとえば細長い形をしたやわらかい肉、野菜、果物、オムレツ。肉やレンズ豆のハンバーグ。 ◎さらに試してみよう——小粒のやわらかいもの（ひき肉、やらかいご飯）とつるつるしたもの（ソースがからんだパスタ）。イチゴのようなやわらかいもの。
7〜9か月	手のひらを開いたり閉じたり、つるつるした食べ物を噛んだりつかんだりすることが前よりも簡単にできるようになる。片方の手でもう片方の手を導いて食べ物を口まで持っていけるかもしれない。また、やわらかいものを口の中に押し込めるかもしれない。噛み取ったり、噛み続けることが前よりも上手になっていそうだ。	フィンガーフードと細長い肉、小粒のやらかいもの、つるつるしたもの、より小粒の柔らかいもの。 ◎さらに試してみよう——ディップとその食材（154ページ参照）。生のパプリカのようなさくさく、ぽりぽりしたもの。
8〜10か月	手全体でなく、指を使って食べ物をつかみ始める。両手を同時に動かすことが簡単にできるようになり、ディップの食材を使ってディップに浸して食べるのが上手になる。	これまでに列挙したあらゆる種類の食べ物のほかに、米、エンドウ豆、レーズンなどのより小粒な食べ物。 ◎さらに試してみよう——赤ちゃんは食器を試してみたいかもしれない。小さな固まりの食べ物にフォークを突き刺したり、どろっとした食べ物の中にスプーンを浸したりして面白がるかもしれない。(199ページ参照)。
9〜12か月	ごく小さな食べ物（米粒やパンくず）を優雅に親指と人差し指でつかみ始める。この月齢になると意図的に食べるようになり、食べ物で実験することがなくなる。	さまざまな形と舌ざわりを持つ、健康的な多種多様の食べ物。
11〜14か月	フォークやスプーンを使いたがるかもしれないが、しばらくのあいだは手づかみ食べに戻ることもあるだろう。	健康的な食べ物なら何でもよいが、さまざまな形、舌ざわり、味を持つ食べ物を加えること。

でコントロールするのは楽しいだけでなく、はるかに安全なのだ。また、ほかの人が赤ちゃんの口に食べ物を入れることで喉に詰まらせる危険性も出てくる（72ページ参照）。重要なのは、食べ物をつかむか、つかまないかは赤ちゃんに決めさせることだ。そうすれば、赤ちゃんは手でいじりまわすだけか食べるかを選ぶことができる。食べ物を赤ちゃんの手のひらに置いて、赤ちゃんの食べる物をあなたが決めるのはやめよう。あなたの手から食べ物を取らせようとするのは問題ないが、赤ちゃんは自分なりのやり方とペースで食べ物をつかみ食べるようになるのだと、赤ちゃんを信用しよう。そうすれば赤ちゃんは食べ物について早く学び、自信をつけていくだろう。

忘れてはいけないのは、食べ物が熱すぎないか、与える前に確認することだ。唇や指で触れるよりも、ひと口食べるほうが確実だ。冷蔵庫で30分ほど冷やしておいた皿に盛ると早く冷める。ほかの人がぱくぱく食べているときに冷めるまで待たされると、赤ちゃんはのけ者にされたような気がするようだ。

電子レンジで加熱した食べ物

電子レンジで加熱する場合、途中でひっくり返したり、かき混ぜることを忘れずに。電子レンジは食べ物を均等に温めるわけではないので、思いがけないところが高温になっている。赤ちゃんに与える前に熱くないかを確認しよう。あなたがひと口食べてみるのが一番いい。

食べ物をどれくらい与えるか

食べ物を手でつかみ始める頃、赤ちゃんは食べるのはほんの少しで、遊んでばかりだろう。与えられた大量の食べ物は、最後にはハイチェアか床の上に落ちてしまう。最初は食べ物にすぐに興味を失って飽きてしまうかもしれないし、長いこと遊んでも食べるのはほんの少しかもしれない。多くの赤ちゃんは時間をかけてさまざまな食べ物を試すのが好きで、次から次へといじってはまた最初の食べ物に戻ったりする。しかしこうしたことはすべて正常である。この段階では必要な栄養分は母乳やミルクからまだ摂取していることを忘れずに。

少量を飲み込めるようになっても、やはり赤ちゃんは食べ物をまき散らしたり、塗りつけたり、落としたりする。わざとする場合もあるが（これは学習上重要な部分だ）、うっかりの場合もある。指や手がうまく使えないから、ずっとつかんでいられないのだ。

最初は3、4種類の食べ物を与えるといい。ニンジン、ブロッコリー、細長い大きめの肉（またはあなたがたまたま食べているもので、赤ちゃんに適切なもの）などだ。赤ちゃんに与える食べ物は多めに用意するか、落としたものを拾って赤ちゃんのお皿やハイチェアのトレイに戻そう。最初はどうせ食べないだろうからほんの少しで十分と思いたくなるだろうが、赤ちゃんにとってはそれではつまらないのでわざと落としたりする（2分おきにその食べ物を拾っては戻すはめになるかもしれない）。数種類の食べ物を用意し、赤ちゃんが食べるかどうかは気にしないこと。

とはいえ、赤ちゃんのお皿やハイチェアのトレイにさまざまな食べ物を山積みするのはお勧めできない。少量から始めてだんだん増やしていくのがいいだろう。初期の段階では、量が多かったり種類が多すぎたりすると、途方にくれてしまう赤ちゃんがいる。食べ物をすべて押しやってしまう赤ちゃんもいれば、ひとつの食べ物だけに集中してほかはすべて放り投げてしまう赤ちゃんもいる。ただそっぽを向く赤ちゃんもいる。最初は食べ物への反応をよく見て、どれくらいの量なら赤ちゃんは対応できるのかを見極めよう。

初めは、食べ物をたくさんのせたお皿をエッタの前に置いたの。するとあの子はまったくおかしなことを始めたわ。食べ物をひとつずつつかんでは後ろに投げていったの。最後にひとつだけ残ると、注意深く手でつかんで食べ始めたわ。食べ終わると、もっとないかときょろきょろ見まわしたけど、お代わりをお皿にのせるのはやめたの。どうせ投げて床を汚すだけだから。要するに、食べ物が多すぎて混乱してしまったのね。別にお皿を用意して、一度にひとつかふたつの食べ物を与えれば良かったんだと最後にわかったわ。

——ジュリー／エッタ（3歳）のお母さん

自分で食べる能力が発達するにつれて赤ちゃんは食べ物をこぼさなくなり、たくさん食べられるようになるので、食べた（と思われる）量を推測できるかもしれない。けれども、それは赤ちゃんが食べる「べき」量を決めるまでの小さな一歩にすぎず、ＢＬＷが目指すことではない。子供を励ましで必要以上のものを食べさせるのは余計なことであり、長い目で見れば有害でさえある。そうした励ましは赤ちゃんの食事の時間の楽しみを台無しにするだけでなく、最悪の場合、大きくなったときに過食に走らせることになるかもしれない。どれくらい食べるかはつねに赤ちゃんが決めるべきであり、赤ちゃんのお腹しだいである――赤ちゃんは何が必要かをわかっている。

◉完食する

わたしたちの多くは、出されたものはすべて食べ、残さないことが正しいマナーだと教えられて育った。しかしそれは赤ちゃんにも子供にもあまりよいことではないし、のちのち過食にも関係してくる。お皿の上のものを赤ちゃんがすべて食べることを期待せず、欲しがってもいないのに食べるように説き伏せないことが大切だ。赤ちゃんは与えられた食べ物のなかから欲しい分だけを食べることが許されるべきであり、そうすることで必要な栄養を選ぶことができる。赤ちゃんが完食した場合、それで足りていたのかを確認するために同じ食べ物（または違った食べ物）をほんの少しあげてみよう。赤ちゃんが拒絶したら、それはお腹がいっぱいという赤ちゃんなりのサインだ。考えていた量よりも少なかったとしても、スプーンで「足していっぱいにする」必要はない。あなたをよろこばせたくて赤ちゃんが食べることも十分にあり得るが、赤ちゃんが本当に欲しがっているかどうかはわからない。

わたしは戦時中に育ったから、食べ物は配給だった。食べ物を捨てるなんて許されなかった。

食べ切れなかったら次の食事にまた出てきたよ。たとえ嫌いなものでも皿にあるものは食べ切らないと、という強迫観念は一生消えることはないね。
――トニー／3人の子供のお父さんで、5人の孫のおじいちゃん

食べ物を拒絶する

赤ちゃんがある食べ物を拒絶したら、そのときはそれを必要としていない（欲しくない）からである。あなたの料理のせいではないし、別の機会にあげれば食べるかもしれない。言うまでもないが、赤ちゃんが特別に用意された料理ではなく家族と同じものを食べていたら、赤ちゃんの食べた量がわからないこともあるだろう。赤ちゃんと一緒に食べれば、食べた量のことであなたも赤ちゃんもストレスを感じなくてすむのだ。

食べ物が口の中に残っていないかチェックする

赤ちゃんは食べ物を口の中（普通は頬か口蓋）にしまい込むことがあるが、結局は吐き出すか、だいぶ経ってからまた噛み始める。こうしたことが起きるのは、歯ぐきと頬のあいだに入り込んでしまった食べ物を舌を使って取り出す方法を知らないからだ。念のために、食事が終わったらすぐに、口の中に食べ物が残っていないかを――遊び出す前や昼寝をする前に――チ

ェックするのがいいだろう。ただし、赤ちゃんの口の中に指を入れて探しまわったり、赤ちゃんをつかまえて口の中を開けさせたりする必要はない。口を大きく開けるようなゲームをするだけでいい（あなたが大きく口を開ければ赤ちゃんはまねをする）。赤ちゃんがもう少し理解できるようになったら、口の中に何も残っていないかを自分の指を使って確かめることを教えよう。

赤ちゃんの学びを手助けする

赤ちゃんはまねをすることで学ぶ。そして仲間に加わるのが大好きなので、できるだけ赤ちゃんと一緒に食べて、あなたと同じものを与えることが重要だ。実際、赤ちゃんは自分のお皿にあるものよりお母さんやお父さんのお皿にあるもの――まったく同じものなのに！――を好む（これは食べ物が安全かどうかをチェックするための本能的な方法なのだろう。57ページ参照）。お皿の上の食べ物についてそれぞれの名前を言い、その色や舌ざわりについて説明してあげれば、赤ちゃんは新しい能力を発達させると同時に新しい言葉を覚えることになる。

ミーナはニンジンがどんなものかわかっています――それはオレンジ色のどろどろしたものなんかじゃないって。わたしたちは食べ物の話をよくするので、ミーナはいろいろな野菜の名前を覚えるようになりました。わたしが「カリフラワーはあるかな?」と聞くと、ミーナはカリフラワーをつかみます。すごいでしょ！　ピューレにしてしまったら、赤ちゃんは本物の食べ物について学ぶチャンスがありません。

——ディープティ／ミーナ（10か月）のお母さん

まねをして学ぶということのなかには、観察してから行動し、さらには失敗もするということまで含まれている。食べ物を扱うときの自分なりの方法を赤ちゃん自身に発見させ、必要以上の手助けをしないことが大切だ。あなたが手を貸しすぎたり（あるいは邪魔をしたり）、批判したり、笑ったり、不機嫌になったりすると、赤ちゃんは混乱し、試そうとしなくなる。逆に「ちゃんとできた」ときにほめる必要もない。何しろ赤ちゃんは食べ物を落としてもそれを失敗とは思っていないし、うまく食べられてもそれを成功とは思っていない——赤ちゃんにとっては、どれも興味深い実験のひとつでしかない。

助けようとしたり、導こうとしたりした結果、赤ちゃんの気が散ることがある。赤ちゃんは食べ物やその食べ方について学ぶことに集中している。助けが必要になれば、ちゃんと知らせてくれる。ほとんどの赤ちゃんは、自分で食べ物をどう扱えばいいかを理解したいだけなのだ。

ジャマールは食べ物を手でつかむ段階になったのでしょう。うまくいかなかったときには手を貸していたんですが、わたしたちがそうするとジャマールの集中力が途切れることに気づきました。あの子の好きなようにやらせたら、はるかに楽しそうでした。

――サイモン／ジャマール（8か月）のお父さん

第2章で見てきたように、食べ物の扱い方を学習中の赤ちゃんは、最初の頃は喉に詰まらせて吐きそうになることがよくある。実際に少し吐いてしまう赤ちゃんもいるだろう。危険なように見えるが、赤ちゃんがまっすぐ座っている限り、手を貸す必要はない。むしろ、喉に詰まらせている赤ちゃんを助けようとすれば、ますますひどいことになる可能性もある。落ち着いて、赤ちゃんを安心させればいい。数週間もすれば赤ちゃんは喉に詰まらせない方法を覚えるので、こうしたことは自然となくなるだろう。

初めの頃は食事の時間を「食べる時間」ではなく、「学習する機会」ととらえる。そうすれば、赤ちゃんの食事の回数を1日1回、2回、あるいは3回と決めたり、特別なスケジュールにこだわる必要はなくなるだろう。食べ物を手でさわったり、食べ物で練習する機会が増えるほど、赤ちゃんは食べ物とはどういうものなのかに早く気づき、のちに必要となる自分で食べる能力を早く発達させることができる。

◉イライラへの対処

食べ物をつかみ始めた赤ちゃんのなかには、イライラしているように見える赤ちゃんもいる――自分の能力が思うほど早く発達しないことへのいら立ちであるかのようだ。赤ちゃんがじれていたり不機嫌だったりすると、お腹がすいているせいだと思いがちだが、最初の数週間は赤ちゃんの空腹の原因は、ほぼ間違いなく母乳やミルクが足りないせいであり、離乳食が足りないわけではない。赤ちゃんがイライラしているように見えても、それは「食べ物をつぶしてスプーンで食べさせて」とお母さんやお父さんにサインを送っているのではない。食べ物をスプーンで与えれば問題は解決したように見えるかもしれないが、それは赤ちゃんの気が一時的にそれたからにすぎない。赤ちゃんがお腹をすかせていたり、疲れていたりしたら、授乳するか、昼寝をさせたほうがいい。

赤ちゃんはＢＬＷの最初の数週間にもイライラすることがあるが、それは食べ物を使って自分がやってみたいことができないからだ――挑戦しがいのある新しいおもちゃに対するときと同じだ。多くの場合、食べ物が適切な形をしていない、つるつるしすぎているといったことが原因であり、工夫をして食べ物がつかみやすいようにする必要がある（１４３～１５２ページ参照）。イライラするのはＢＬＷの赤ちゃんにはよくあることだが、ありがたいことに、その時期が１週間以上続くことはめったにない――これもまた新しいおもちゃのときと同じだ。

●時間をたっぷり与える

赤ちゃんは時間をかけて学ぶ必要があるので、急《せ》かさないことが肝心だ。最初のうちは食事が終わるまで40分以上かかることもあるだろう。そう、新しい能力を身につけるには、繰り返し練習しなければならない。

赤ちゃんにしっかり噛む時間を与えれば消化を助けることにもなるし（34ページ参照）、満腹の感覚がわかるようにもなる。長い目で見れば、両方とも健康にとって大事なことだ。

赤ちゃんのなかには食べ物を残したまま、ほかの食べ物に気が散ってしまう子がいるが、あとで最初の食べ物に戻るつもりなのかもしれない。あれやこれやを味見するのはよくあることなので、すぐに片づけたり、赤ちゃんの残りものをつまんだりするのはやめよう。

赤ちゃんに食べ物で好きなように遊ばせて自分たちは後ろで控えているのは、お母さんやお父さんにとってとてもむずかしいことだろう。しかしゆったりかまえていれば、ＢＬＷのこの段階はずっと続くわけではないことにすぐに気づくはずだ。実際、食べ物を扱う方法（臭いをかいだり、さわったり、遊んだりする）を学べるように時間を与えれば与えるほど、赤ちゃんは、早く、自信たっぷりに、上手に食べられるようになる。

アイヴァーはゆっくり時間をかけて、楽しそうに自分で食べるの。長いこと座って何もしないこともあれば、いきなりたくさん食べ始めることもあるわ。たくさん食べる日が何日か続いたと思ったら、数日間はミルクだけのこともある。でもわたしたちはアイヴァーを信じて、邪魔しないようにしてるの。

――アマンダ／アイヴァー（8か月）のお母さん

●プレッシャーをかけない

ひと口ひと口をお母さんやお父さん（またはほかの人）にじっと見られていると、赤ちゃんのなかには意識しすぎたり、プレッシャーを感じたりして、食べ物を試してみるのをやめてしまう子がいる。赤ちゃんが食べているあいだは、あまり注目しないようにしよう。じっと見られていると赤ちゃんは落ち着かないのかもしれないし、気が散るのかもしれない（見ている側はその愛らしさにうっとりするのだけれど）。食事はごく普通の日常的な楽しい出来事であるべきだ。赤ちゃんが能力と自信をつけるのに必要なのは、まわりの人の控えめなサポートと「手づかみ食べ」というごほうびである。

エンリコが7、8か月の頃に友人たちとディナーに行ったんだけど、あの日のことは忘れられないわ。みんなエンリコが食べるのをじーっと見るの。なんだかはらはらしているみたいに見つめるのよ。エンリコにとっては迷惑よね。友人たちにはとってもめずらしいことだったんでしょうけど。
――アンジェラ／エンリコ（2歳）のお母さん

一緒に食べる

赤ちゃんが家族の一員として食卓を囲むことがなぜ理想的かと言えば、それによって食べ物の扱い方以上のこと、つまり料理を順番に取ること、会話すること、テーブルマナーを守ることを学べるからだ。忙しい家族にとって、食事の時間を調整するのは実に大変なことだろう（長時間外で働いていればなおさらだ）。だが、食べるのは赤ちゃんだけという状況にできるだけしないようにすることはとても大切だ。家族と一緒に食事をするのがむずかしい場合は、祖父母や友人など家族以外の人（ひとり以上）と赤ちゃんがいつも一緒に食べるように手配しよう。誰かほかの人に赤ちゃんの世話をしてもらっている場合は、そのことを保育園やチャイルドマインダー（自宅で子供を有料で預かる人）に説明して、赤ちゃんが一緒に食事をする経験を持てるようにしてもらおう。

多くの家庭では朝食の時間はバタバタしているだろう。仕事に行かなければならなかったり、学校や保育園に連れていかなければならない子供がいたりする。多くの赤ちゃんは初めのうちは朝食に関心を示さないが、興味を持ったとたんに時間や場所を選ばず朝食を楽しむようになる。朝食を食べるのに「ふさわしい」ときでなくても気にしたりはしない。そういうときは、たとえば上の子供を学校に送っていったあとに赤ちゃんと一緒に食べることもできるだろうし、赤ちゃん自身が保育園にいるときやチャイルドマインダーといるときでも朝食を取れるだろう。もし仕事が休みなら、赤ちゃんと一緒にランチを食べるといい――とても楽だ。手の込んだものである必要はない。栄養があって、少しバラエティーに富んでいれば十分だ（147ページ参照）。

赤ちゃんと夕食をともにするのは、家族にとってもっとも調整がむずかしい。お母さんやお父さんだけ早めに食べてしまう家庭もあれば、家族全員で食べられるように赤ちゃんの寝る時間を変える家庭もある。お母さんやお父さんが働いている平日は、どちらかおもに赤ちゃんの面倒を見ている人が赤ちゃんと一緒に軽く食事をし、パートナーが帰宅したら、もう一回食べるという解決方法もある。

初めのうちは一定の間隔を空けて赤ちゃんに食事を与える必要はない――赤ちゃんは空腹を満た

すために食事をしているわけではないからだ。赤ちゃんの食事にはパターンがあることにお母さんやお父さんが気づくのは、ずっとあとになって赤ちゃんがたくさん食べるようになり、食べ物で空腹感が消えることを赤ちゃん自身が発見してからのことだ。そうなってから、家族の食事と赤ちゃんのニーズを一致させる方法を考えればいい。

一緒に食事をするにはテーブルが楽だろうが、必ずそうしなければならない理由はない。いつもテレビの前に座って膝の上に夕食をのせて食べているのなら、テレビを消して（赤ちゃんが集中できるし、あなたはおしゃべりができる）、あなたの横に赤ちゃんの椅子を引き寄せよう。床の敷物や畳で一緒に食べるのが好きな家族もいる。外にピクニックに行ってもよい。

ほかの家族と同じように赤ちゃんにも敬意を払って接するように心がけ、何を食べ、どれくらい食べるのかを赤ちゃん自身に決めさせよう。ひと口食べるたびに赤ちゃんの顔を拭きたくなったり、まだ食べているのに食器を洗いたくなったりするかもしれないが、その誘惑に負けないこと。

テーブルでわたしと一緒に食べているとき、リアはよく噛んで食べているわ。わたしのことをじーっと見て、噛む動作をまねるのよ。たまにわたしが席を立ってほかのことを始めると、とたんに集中力を失うわ。
——エミリー／リア（7か月）のお母さん

BLW　わたしの場合

オーエンがちゃんとお座りができるようになると、わたしは膝の上にあの子を座らせて家族と一緒にテーブルにつきました。6か月を過ぎたばかりのオーエンは迷わず食べ物をつかめたけれど、最初はほぼ毎回、口まで持っていけなくて……。この調子だと数日間は何も食べられないと思いました。

でも始めてから2週間で、オーエンの手と目の協調運動と食べ物を口まで運ぶ方法が一変しました。初めて与えたのはナシ――上の子たちがたまたま食べていたから。オーエンがつかむたびにナシは手からすべり落ちて、ひと口も食べられませんでした。けれど2回目のナシのときは、ぎゅっと握りしめているうちに手の中で持ち続けるにはどれくらいの力が必要なのかがやっとわかったようです。それからは、食べ物を左手でつかんでから右手に渡し、右手で口に持っていくのが簡単だとわかり始めたようです。今は食べ物をうまく口に持っていけるように左手を使い始めています。左手で右手を押して口に近づけさせるんです。おもしろいでしょ。

実際、食べることがまだ一種の気まぐれのように見えます。うんちもまだ変わりません。少しニンジンが混ざっている程度で、まだ母乳のうんちです。オーエンにとって食べ物は味わったり実験したりするもので、今のところは食べるものではないようです。

赤ちゃんの本能を信じられるなんてすばらしいことです。オーエンはいつも食べ物を欲しいわけではありません。夕食の時間には疲れて食べ物に興味を示さないこともしょっちゅう。朝食も、わたしが上の子たちを学校に連れていくのが遅れそうなときはあまりあげません。かなりいい加減です。でも食卓に座って食事をするときにあの子がいないなんてありえません。わたしはオーエンと一緒に食べることを心から楽しんでいます。

普通の家庭料理をオーエンと一緒に食べるのは、理にかなっているように思います。上のふたりの子供にピューレを与えたときよりもはるかに楽です。今から考えてみると、テオ（2番目の子）は7か月くらいまで離乳食の準備ができていなかったようです。やわらかい食べ物もスプーンで与えられるのも嫌いでした。全部吐き出していましたから。自分で食べられるようになるまで、あまり食べたくなかったみたい。最初から自分で食べるほうが自然だと思います。

——サム／エラ（8歳）、テオ（5歳）、オーエン（8か月）のお母さん

散らかすのは当たり前

散らかす、ということが赤ちゃんにはわからない。あなたの赤ちゃんも四六時中、おもちゃを落としたり、投げたりするだろう。だがそうやって赤ちゃんは重力や距離や自分の筋力について学んでいる。食べ物も最初のうちは新しいおもちゃにすぎない。だから同じように実験する。おもしろいことに、今は手でつかめないものでも、押しつぶしたり、塗りつけたりすることはできることに赤ちゃんは気づく（絵の具や小麦粘土は口に入れることもあるので、幼児になるまでしまっておこう！）。

赤ちゃんの能力がまだ発達していないために散らかることがある。食べ物をつかもうとしてひっくり返したり、片側に押したりすることが多い。また初めのうちは何かほかのことに興味を奪われると落としてしまう。ハイチェアに座っている赤ちゃんがトレイの端に向かって食べ物を楽しそうに投げるのを見たら、まずはこう考えてほしい。赤ちゃんはそれが一大事だとは思っていない！きれいに掃除しなければならないということがわかっていない。赤ちゃんにしてみれば、学ぶという大事な活動に従事しているにすぎない。お母さんやお父さんがゆったりかまえていれば、赤ちゃんは早く学んでいくだろう。

食べ物の無駄を最小限にする

離乳を開始すると、食べ物が多少無駄になるのは避けられない――ピューレでもそうだ。ミキサーの中に少し残ってしまうし、ベビーフードはそれほどの量は必要ないのに買ってきてしまう。赤ちゃんに食べさせても、ハイチェアや床の上に落とされてしまうだろう。

しかしBLWは家族と一緒に食べるのが基本なので、食費はさほどかさまない。BLWだと赤ちゃんは家庭料理がどういうものかがわかるようになるし、手づかみ食べが上手になるにつれて食べ物を押しつぶしたり落としたりする実験が減るようになる。

食べ物の無駄を最小限にするためのアドバイスは以下の通り。

・料理はどれも赤ちゃんと一緒に食べられるような献立にする。
・手でさわったり調べたりする食べ物は一度に数品までとする。与えすぎると、赤ちゃんは集中できるように「片づけにかかる」、つまり落としたり放り投げたりする可能性がある。
・赤ちゃんが落とした食べ物が清潔なところに着地するように工夫する。そうすればその食べ物を赤ちゃんに戻すことができる。

赤ちゃんの能力が発達し、目的を持ってたくさん食べるようになるにつれて、散らかすことが目に見えて減っていく。実際、ＢＬＷを始めたお母さんやお父さんは、散らかすのは一時的なことであり、赤ちゃんの能力の発達がいかに早いかについてコメントしてくれる。確かに食事中はＢＬＷのほうがスプーンで与えるよりも散らかるかもしれない。しかし調理の段階でミキサーも余分なボウルも使わないので洗う必要がなく、面倒もない。

散らかすことは赤ちゃんの学習上避けがたいが重要な要素である。それと戦うのは、海辺に立って「押し寄せるな！」と波に叫ぶようなもの。意味がない。うまく対処するコツは、あらかじめ準備しておくことである。自分で食べようとチャレンジする赤ちゃんにどんな服を着せるべきか（あなた自身も！）、赤ちゃんのまわりをどうやって汚さないようにするかを考えよう。また、食事は急がなくてよいとはっきり示し、赤ちゃんに練習する時間をたっぷり与え、片づける時間もたっぷり見込んでおくといい。

食事はミロの〝散らかしゲーム〟の時間だったわ。あの子は食べ物の大きさや舌ざわりや食べ物をつかんではこぼすことを学んで、手と目の協調運動に役立てたみたい。子供は散らかるもので遊ぶのが好きよね。保育園では色鮮やかなゼリーやゆでたパスタ（食事用に用意されたものではない）を大きなトレイにのせて遊んでいるわ。それが子供たちの遊びなのよ！最新の幼児教育ね。すばらしくない？

——ヘレン／リジー（7歳）、ソール（5歳）、ミロ（2歳）のお母さん

ジャスティンにBLWを始めたとき、わたしは1950年代の専業主婦みたいなエプロンを着たわ。どんと来いって感じ。食事のときに赤ちゃんを膝の上で食べさせるのなら、あなたの体を覆えばいいのよ——エプロンがあればどんな汚れも大丈夫！

——ルイーズ／ジャスティン（1歳11か月）のお母さん

果物の染み

果物の染みには気をつけよう。赤ちゃんが果物（とくに丸ごと）を食べると、長いあいだしゃぶっていたり、もぐもぐ食べたりするので、果汁や果肉が赤ちゃんの喉や手や服についてしまうことが多い。そのときは気づかなくても、バナナやリンゴのような果物だと真っ黒な染みになってしまう。すぐに洗って染みを取り除くこと！

食事が終わったら、きれいな布を水で濡らして赤ちゃんの顔と両手を拭いてから赤ちゃんをどこかきれいな場所に座らせる。次に布を裏返してテーブルを拭き、食べ物のくずをすべて床に落としてからハイチェアをきれいに拭いて、最後に床に落としたものを全部ふき取る。床にはけっこうなゴミの山――つまり食事の残骸ができているから、それを拭き取ってからゴミ箱の上ではたいて、最後に布を洗濯する。1回の食事に1枚の布を使うことになるけど、何もかもこの1枚で済むわ。

――ヘイゼル/ハンナ(8歳)、ネイサン(4歳)、ジョー(1歳5か月)のお母さん

ベビー用品の選び方

●ハイチェア

「ハイチェア」は形もサイズも豊富だ。トレイ付きのハイチェアは離乳の早い時期には役立つかもしれないが、大きなテーブルで使えるようなハイチェアならば赤ちゃんは家族の一員になったような気がするし、食べ物に簡単に手が届く。初めの数か月はお尻のまわりに小さなクッションや巻いたタオルを置けば赤ちゃんは安定する。足置き台の付いたハイチェアならば幼児になったときにさらに安定して座れるだろう。

トレイ付きのハイチェアを選ぶなら、大きなトレイ付きのものにしよう。床に落ちる食べ物が少なくなる。縁が盛り上がっているトレイはお薦めだ。見かけはよくないかもしれないが、食べ物が

落ちにくい。座面に比べてトレイの位置が高すぎないか、チェックするのも大事だ。トレイが赤ちゃんの胸の高さまであったら食べ物に手を伸ばしにくいだろう（あなたの脇の下まであるような高いテーブルで食事をすることを想像してみよう！）。トレイの高さを調整できるハイチェアがよいが、調整できないものでも赤ちゃんのお尻の下に畳んだタオルを敷けば、もう少し大きくなるまでそれで対応できる。

留め金でテーブルにしっかりとくっつけられる「テーブルチェア」は、外出先や旅先で食べるときには便利だが、毎日使うにはあまり快適ではないだろう。普通のテーブルで食べない場合には、低い位置で使える「ローチェア」が便利だ。子供の成長に合わせて調節できるハイチェアは購入時は高価に感じられるが、赤ちゃんが幼児になっても補助椅子［椅子の上に載せる子供用の小さな椅子］やスツールを買う必要がない。年長の子供や大人でも使えるハイチェアもある。

シートパッドがやたらと付いたハイチェアには注意が必要だ。木やプラスチックがむき出しのものより気持ち良さそうに見えるが、清潔にするのがかなりむずかしい。つまり、きれいにし**なければならない**。ほかにはハイチェアには体を固定させるハーネスベルトが付いていること、そして赤ちゃんを座らせるたびにハーネスを装着させることも大事である。まだハイチェアから降りようとはしないだろうが、月齢の低い赤ちゃんでも体をくねらしているときに落下事故が起こることがある。

ハイチェアは便利だが、赤ちゃんが嫌がったら無理強いはしない。赤ちゃんはあなたの膝の上で上手に食べることができるだろうし、より安心できるのかもしれない。とはいえ、赤ちゃんは最後にはハイチェアに戻ってくるだろう。

もうひとり赤ちゃんがいたとしても、食事は同じようにするでしょうね。ただし、ハイチェアを除いてね！　エイダンがおとなしくハイチェアに座るようになったのはつい最近のこと――2歳になってからよ。あの子が嫌がるなら、ハイチェアのことは放っておこうってわたしたちは決めたの。もめるくらいならエイダンをわたしの膝の上で食べさせる。もう覚悟したわ。あの子がもぞもぞ動いているときに食べ物を切り分けるのは大変だけど、それ以外は楽しいわ。

――スー／エイダン（2歳）のお母さん

●フロアーマット

掃除をするのが簡単な、大きな「フロアーマット」を敷いておけばじゅうたんや床を汚さずにすむし、落とされたり投げられたりした食べ物でも赤ちゃんに戻すことができる。ビニールや綿のテーブルクロス、ピクニックマット、オイルクロス（またはシャワーカーテン）でもいい。

フロアーマットを試してみたけど、ビニールが薄すぎてモップでうまく拭き取れないの。夫婦で四つんばいになって拭かなければならなかった。結局は安い綿のテーブルクロスを使うことにして、食事のあとはゴミ箱の上で振ってから洗濯機の中に放り込む。テーブルクロス

郵便はがき

料金受取人払郵便

新宿局承認

779

差出有効期限
2024年9月
30日まで

切手をはらずにお出し下さい

1 6 0 - 8 7 9 1

3 4 3

（受取人）
東京都新宿区
新宿一－二五－一三

株式会社 原書房
読者係 行

1 6 0 8 7 9 1 3 4 3 7

図書注文書（当社刊行物のご注文にご利用下さい）

書名	本体価格	申込

お名前　　注文日　年　月

ご連絡先電話番号（必ずご記入ください）　□自宅（　　）　□勤務先（　　）

ご指定書店（地区　　）（お買つけの書店名をご記入下さい）　帳合

書店名　　書店（　　店）

5705

「自分で食べる！」が食べる力を育てる

読者カード　ジル・ラプレイ、トレーシー・マーケット 著

より良い出版の参考のために、以下のアンケートにご協力をお願いします。＊但し、後あなたの個人情報(住所・氏名・電話・メールなど)を使って、原書房のご案内なを送って欲しくないという方は、右の□に×印を付けてください。　□

ガナ
名前　　　　男・女（　　歳）

住所　〒　　－

市　　　町
郡　　　村

TEL　　（　　）
e-mail　　@

職業　1会社員　2自営業　3公務員　4教育関係
5学生　6主婦　7その他（　　）

買い求めのポイント
1テーマに興味があった　2内容がおもしろそうだった
3タイトル　4表紙デザイン　5著者　6帯の文句
7広告を見て（新聞名・雑誌名　　）
8書評を読んで（新聞名・雑誌名　　）
9その他（　　）

好きな本のジャンル
1ミステリー・エンターテインメント
2その他の小説・エッセイ　3ノンフィクション
4人文・歴史　その他（5天声人語　6軍事　7　　）

購読新聞雑誌

書への感想、また読んでみたい作家、テーマなどございましたらお聞かせください。

が2、3枚あれば、洗濯したものが1枚くらいはあるでしょ。赤ちゃんの洗濯物はいつも山ほどあるから、テーブルクロスが1枚増えたくらいどうってことないし。

――ルース／ローラ（1歳7か月）のお母さん

●スタイ

スタイは服の前が汚れないようにするのに役立つが、手を伸ばすときに邪魔になることを忘れずに。長袖のエプロン（または幼児用スモック）も腕はカバーするが動きが鈍くなる。「シリコンスタイ」はこぼれ落ちた食べ物を受け止めるのに役立つ。しかし月齢の低い赤ちゃんの動きはさえぎられるので、最初はあまり勧められない。

十分に暖かい季節なら、肌着で（またはおむつだけで）食べさせるのが好きなお母さんやお父さんもいる。裸のほうが布よりも洗うのが楽だし、赤ちゃんが食べ終わってからお風呂に入れたいと思うお母さんやお父さんもいる。ハイチェアと同じように、赤ちゃんがスタイを嫌がるのなら無理強いすることはない。食事の時間は楽しいものであるべきだ。食べ物が顔や髪や服につき、一部は椅子や床に落ちてしまうだろうが、受け入れよう――すべてが赤ちゃんの経験になるのだから。

●お皿とカップ

ＢＬＷでは、とくに最初のうちはお皿のことで悩まなくて済んで楽だと思うお母さんやお父さんが多い。確かに6か月の赤ちゃんは食べ物だけでなくお皿にも興味を持つことだろう――赤ちゃん用にデザインされた色鮮やかなお皿ならなおさらだ。だが、お皿のことはあまり気にする必要はない。お皿にのった食べ物は食事の最後には床の上かハイチェアの中に散乱するだろうし、赤ちゃんは食べ物で遊んだあとに忘れずに食べ物をお皿に戻したりはしない。いずれにしろ、お皿のまわりは食べ物だらけということになる。

赤ちゃんがハイチェアのトレイやテーブルから直接食べてはいけない理由はない（トレイやテーブルは清潔な布と中性洗剤ですばやく拭くだけでいい）。もしそうしたければ、赤ちゃんの前に大きなシリコンマットかお盆を置くといいだろう。食べこぼしが入るポケット付きのシリコンマットも売っている。

お皿を使う場合、重いお皿だと赤ちゃんは持ち上げにくい。それに、もし赤ちゃんがお皿を持ち上げたら、いつ割ってしまうかと心配することになる。テーブルに張り付く吸着ランチプレートは便利だ。ただし、あなたが持ち上げるときに勢いあまって残った食べ物が飛び上がることがある！

仕切り付きのお皿を選ぶ必要はまったくない。なまじ仕切りがあるがために、違う食べ物は触れ合ってはいけないのだという考えを赤ちゃんに植え付けてしまう可能性もある（のちのち食事の時間が面倒なことになりそうだ）。

初めのうちは赤ちゃんにカップを与える必要はないだろう。赤ちゃんはまだ普通に母乳やミルクを飲んでいるからだ。ボウルも、赤ちゃんがどろどろしたもの（152～153ページ参照）を食べられるようになるまでは必要なさそうだ。あなたが使うお皿、ボウル、カップはどれも清潔でなければならないが、殺菌までする必要はない。

テーブルの表面を傷つけたくないなら、簡単に拭けるビニール製のテーブルクロスやオイルクロスにするのが現実的な選択だが、細かすぎる模様や色鮮やかな模様は避けたほうがいい。いろいろなものが見えにくくなるし、何が食べ物なのか認識しにくい。赤ちゃんがテーブルクロス（とその上にあるものすべて）を自分のほうに引っ張れないようにすることも忘れずに。

BLW　わたしの場合

1か月くらい前から、ジェームズがわたしたちと一緒に食卓につきたがっているのがはっきりわかったわ――バウンサーから家族が食べているのを見るのがもうつまらなくなったみたい。食事に興味を持ったら赤ちゃんは食べる準備ができたという人がいるけど、ジェームズはお腹がすいていたんじゃなくて、ただ食事に加わりたかっただけだと思う――ほかの赤ちゃんがハイハイしているのを見て、まねをしたくて焦れているのと同じように。

最初は食べ物じゃなくて、食事に関するいろいろなものにジェームズは興味を持ったの。でもここ2週間で一変したわ。今ではちゃんとお座りできるし、スプーンとかしゃぶりやすいものとかの〝遊び道具〟以上のものを欲しがるようになった――食べ物をつかみたがっているの。

数週間前にジェームズはキュウリをつかんだけど、うまくつかんでいられなくて落としてしまった。いたずら好きな上の子供たちがそれを見ていて、食べ物をあげてみたくなったみたい。お兄ちゃんのエドワードが最初はニンジンのスティック、それからつかみにくいバナナをひと切れ、最後にヨーグルトをひと口あげた。家族でピクニックに行ったときは、ジェームズはリンゴの芯をつかんでしゃぶり始めて――とても楽しそうだった。わたしの指についていたケチャップまでしゃぶって……。味わっていたんでしょうね。そんなことが続いたから、ジェームズは食べる準備ができたと考えたわけ。

だから今日初めてジェームズに食べ物をあげてみたわ。熟したおいしいナシ。すごく気に入ったみたい。とてもうれしかったんだと思う。「だめだめ。もっと大きくなったらね」ってわたしに言われずに、やっと食べたいものを食べられるようになったんですもの。

昨日の夜は鶏肉と豆のシチューを作って、「ジェームズにどうかしら?」と思ったけど、シチューの中身を手ですくいあげるか、鶏肉をひと切れつかむのが落ちだろうと思ってやめたわ。ひどく散らかすことになるんでしょうけど、それに慣れないと！ わたしにとっては挑戦ね。

――ジェーン／ローズ（7歳）、エドワード（3歳）、ジェームズ（6か月）のお母さん

BLWを成功させるコツ

- 初めのうちは「食事の時間＝遊びの時間」と考えよう。食事の時間は学びかつ経験するための時間であって、必ずしも食べるための時間ではない。
- 欲しがればいつでも授乳し続けよう。離乳食は母乳やミルクに取って代わるものではなく、追加するものだ。赤ちゃんは自分のペースで授乳の量や回数を徐々に減らしていくだろう。

・赤ちゃんを食卓に迎えて一緒に食べよう。できるだけ同じものを食べること。赤ちゃんはあなたのまねをする。つまり新しい能力を身につける機会が増える。
・赤ちゃんがつかみやすいような食べ物を数種類用意しよう。くさび形やスティック状の食べ物、細長いやわらかい肉が適切。どれを欲しがってもいいように多めに用意する。
・初めのうちからたくさん食べるとは思わないこと。BLWを始めた最初の数か月は、ほんの少ししか食べない赤ちゃんが多い。
・多少散らかることは覚悟する！　赤ちゃんに何を着せるかを考え、赤ちゃんのまわりが汚れないように対策を練ろう。そんなふうに覚悟して準備しておけば散らかってもストレスにならないし、落ちた食べ物でも安心して赤ちゃんに戻せる。
・家族全員で食事の時間を楽しくしよう。赤ちゃんにたっぷり時間を与えて、食事がつねにくつろいだ楽しい時間になるようにすれば、赤ちゃんは食べ物をさわったり調べたり実験したりするようになる。そうしているうちに赤ちゃんは新しい食べ物を試したくなり、食事の時間が待ち遠しくなる。

BLWに関するよくある質問

——7か月の娘がいます。わたしの母は、娘がしていることは食べ物で遊んでいるだけだと心配しています。どうすればいいでしょうか？

赤ちゃんを信用して欲しがるだけ食べさせる。食べ物を手でつかんだり遊んだりさせる。この2点が、BLWのもっとも重要な要素です。けれどもこれは、多くのお母さんやお父さん（そしておばあちゃんやおじいちゃん）が受け入れにくいと感じることでもあります。これまで見てきたように、何世代にもわたってお母さんやお父さんは――赤ちゃんが欲しがる欲しがらないに関係なく――完食したことを確認するよううながされてきました。そして体重がちゃんと増えていることをチェックするのが目標になってしまい、食べ物と遊ぶことは、ものを粗末にする、お行儀が悪い、感心できないことだと考えられてきました。

赤ちゃんは大きくなるにつれてたくさん食べるようになり、食べ物で遊ばなくなりますが、ときには遊ぶこともまだ必要です。赤ちゃんに食べ物で遊ぶ時間を好きなだけ与え、食べるのを急かさなければ、赤ちゃんの能力はその子に合ったスピードで発達します（第2章参照）。食べたい量が増えれば、自分で食べる能力も向上します。

大きくなっても食べ物でたまに遊ぶことがありますが、それは特定の食べ物に飽きたからです。まだお腹がすいているのかもしれませんが、何か新しい食べ物が欲しいのです（必要なのです）。それを見極める一番簡単な方法は、いつもと違ったものやあなたのお皿にあるものを与えることです。

BLWの最初の数週間のようすを見て眉をひそめた親戚にどう対応すればいいのか――これは難問ですが、やがて赤ちゃんが食べ物をうまく扱えるようになったようすを見せて、納得してもらうしかありません（BLWの赤ちゃんの世話をしてくれる人をサポートするコツは、209ページ参照）。自分の信念を貫きましょう。ＢＬＷを実践したあなたの直感が正しかったことがやがて証明されるでしょう。そのときあなたの赤ちゃんは、おばあちゃんの料理が大好きな、社交的で楽しいグルメ仲間になっています！

食事はあの子たちの楽しみのひとつであって義務なんかじゃない——そう認めてしまえば、何もかもがずっと楽しくなるわ。

——ジョアンナ／ケイトリン（２歳）のお母さん

——５か月になる赤ちゃんに１か月間ピューレを与えてきました。今からでもＢＬＷに変えられますか？

５か月の赤ちゃんだと、食べ物をつかんで自分の口まで持っていくことはできるかもしれませんが、自分で食べるには月齢が低すぎます。医学的な理由から早めに離乳食を始めたのでなければ（その場合は新生児訪問の保健師か医師にアドバイスを求めてください）、赤ちゃんの器官が成熟するまでのあと数週間は授乳だけに戻したほうがいいかもしれません。母乳で育てているなら回数を増やし、ミルクで育てているなら毎回の量を増やしてあげましょう。そうすればピューレをやめられます。そして６か月になったら、フィンガーフードから始めましょう——ピューレなんて食べさせたことがなかったかのように。

せっかく始めたピューレをやめたくなければ、赤ちゃんが自分で食べられるようになるまで続けるのもいいでしょう。6か月頃からフィンガーフードを与えられるようになるので、スプーンでピューレを与えるときに赤ちゃんの出すサインをできるだけ見逃さず、ピューレに見向きもしなくなったように見えるまで待ち、そのときが来たらＢＬＷの食べ物を与えましょう。

――離乳食フィーダー［おしゃぶり型のポーチで、ポーチに入った果物や離乳食を赤ちゃんがしゃぶる］の広告を見ました。ＢＬＷに使えますか？

離乳食フィーダーは、赤ちゃんが喉に詰まらせることなく「本物」の食べ物をもぐもぐ食べる方法として宣伝されています。赤ちゃんはネット（あるいは穴のある大きな乳首）に入った小さく切ったやわらかい食べ物をかじり、食べ物がネットや穴を通り抜けられるほどどろどろになったら吸って口の中に入れます。こうした赤ちゃん用品は昔からあり、歯の生え始めの時期に使われ、コットンの袋に氷や凍らした母乳を入れていました。けれどもこれは自分で食べること、つまりＢＬＷとは無関係です。

これまで見てきたように、赤ちゃんがちゃんとお座りして、自分で食べることをコントロールできるようになれば、ＢＬＷで喉に詰まらせる危険はありません。それはほかのやり方で離乳を始めるときも同じです。特定の商品ならこうした危険を回避できる、という表現は誤解を与えます。赤ちゃんが食べ物をつかんでそれを口に運べないような身体的状態あるいは病状にあるのなら、離乳食フィーダーは役に立つかもしれませんが、手づかみ食べができる正常に発達した赤ちゃんなら、それは必要ないし、有益でもありません。正常に発達した赤ちゃんが自分で食べられなければ、まず間違いなく離乳開始の月齢が低すぎるということです。

離乳食フィーダーを持たされた赤ちゃんの多くはイライラしているか、単に飽きているように見えます。自分以外の家族がそんなふうに食べていないことに気づいたときはなおさらです。赤ちゃんがちゃんとお座りして食べ物に手が届くようになれば、味わうだけでなく、その食べ物を見て、形や舌ざわりを確かめてみたいと思うでしょう。離乳食フィーダーだと、食べ物は本当はどんな形をして、どんな舌ざわりなのかを学ぶことができません。口の中で安全に食べる方法を理解することもできません。不要です。

——8か月になる赤ちゃんがいます。今までずっとピューレを与えてきました。BLWを始めるには遅すぎますか?

赤ちゃんに手づかみ食べをさせるのに遅すぎるということはありません。数か月間スプーンで与えてからBLWを始めるのは、本当の意味での赤ちゃん主導の離乳にはなりませんが、機会を与えられれば赤ちゃんは食べ物を手でさわったりつかんだりするのを楽しむようになりますし、BLWから得ることも多いでしょう。けれど最初から手づかみ食べをした赤ちゃんとは多少違った反応をするかもしれません。

6か月でBLWを始めれば、赤ちゃんは母乳やミルクからまだ栄養を得られるうちに食べ物で実験する機会が与えられ、自分で食べる能力を発達させることができます。つまり、食べ物がたくさん必要になる前に手づかみ食べの練習ができるということです。けれども、しばらくスプーンで離乳食を与えられてから手づかみ食べに移行した場合、学ぶ機会を逃してしまったので、スムーズに進まないかもしれません。

初めて手でつかめるものを与えたときに、赤ちゃんが焦れているのに気づくかもしれませんが、それは思ったように早く自分で食べられないからです。スプーンで与えられてきた赤ちゃんは、お腹がすいたときに大量の食べ物を――ピューレは噛む必要がありません――すばやく飲み込むことに慣れています。

BLWでは、赤ちゃんがお腹がすいていないときに一緒に食事をして自分で食べるチャンスを与えることで、こうした問題を回避することができます。お腹をいっぱいにすることを考えないようにさせた状態で、赤ちゃんに手づかみ食べのおもしろさを発見させるのです。ご質問には、食事の時間にはいつものピューレと一緒に手でつかめるものを与えましょう、と回答します。自分で食べる能力が発達するにつれてピューレに興味を示さなくなり、最後はいらなくなるでしょう。

月齢が高く、スプーンで与えられるのに慣れている赤ちゃんは、自分で食べられるようになると口の中にたくさん押し込もうとします。これは、よく噛んでから食べ物を飲み込むことに慣れるチャンスがなかったせいかもしれませんし、口いっぱいになるのを避ける方法を知らないせいかもしれません（71ページ参照）。お腹がすいていないときに自分で食べる練習をさせれば、赤ちゃんはほお張らないことを覚えるようになります。

自分で食べ始めたときの赤ちゃんの月齢がいくつであっても、家族が食べているときはなるべく一緒に食べるチャンスを与えましょう。そうすれば、赤ちゃんは人のまねをしているうちに、食事の社交的な面を知るようになります。赤ちゃんの手づかみ食べの能力が食欲に追いつくまで、必要ならばピューレを与えるのもよいでしょう。

――この子はどれくらい食べるのかとよく質問されます。それはこの子しだいなので答えられないのに……。

医療従事者や親戚や友人は「この子はどれくらい食べるの？」とよく質問します。「スプーン3口を1日2回」とか「ベビーフード2びんを1日3回」とお母さんやお父さんは答えるものと思っている人が多いようです。BLWは食べ物の種類、味、舌ざわりについて知り、学習することを重視しているので、大部分の人になじみ深い「食べた総量」は問題にしていません。ですからこの手の質問に対しては、あなたなりの答えを用意しておくといいでしょう。

赤ちゃんが自分で食べるようになると、初めのうちはどれくらい食べたのかがわかりにくいでしょう。ハイチェアのトレイのまわりに食べ物をまき散らしたり、椅子や床に落としたりしていたら、飲み込んだと思われる量を計算するのはかなりむずかしくなります。BLWでは、フィンガーフードを与えるとき、それがスプーン何杯分になるかなんて計算しません。実を言えば、赤ちゃんがどれくらい食べているかは問題ではないのです――赤ちゃんが健康で、必要な量をちゃんと食べる機会が豊富にあり、欲しいだけ授乳されていればそれでいいのです。

これまで見てきたように、大部分の人が考える赤ちゃんの「食べるべき量」は、現実的ではありません。赤ちゃんが食べた量をはかってプレッシャーを感じるのはやめにしましょう。赤ちゃんが食事の時間そのものと、さまざまな味や舌ざわりの食べ物を楽しんでいるようすに目を向けましょう。

先日、祖母がレオはどれくらい食べているのとわたしに聞いてきたの。「たくさん食べてるわ！ニンジン、ブロッコリー、鶏肉、バナナ、アボカド、インゲン豆、トースト、オリーブ、チーズ――何でも食べるわ」って答えた。祖母はぐうの音も出なかったみたい！

――クレア／レオ（8か月）のお母さん

第4章　初めての食べ物

ＢＬＷを始めて３週間目に入った頃、夫とわたしは夕食のテーブルに座って手作りの野菜だけのラザニアとエンドウ豆を食べていたの。隣には娘が座って、まったく同じものをとてもおいしそうにぱくぱくぱく食べていたわ。娘はラザニアで体じゅうベタベタになったかって？

——そうよ。ハイチェアは汚れたか？——そうよ。それはとってもすてきな光景だったか？

——もちろん！

——リサ／カイラ（11か月）のお母さん

基本的なルール

離乳を始めるためにすでに入門書を読んだことがあるならば、どの食材をどういう順番で食べさせるべきかを指示した本が多いことはご存知だろう。だがこうしたアドバイスは時代遅れだ。６か月の赤ちゃんの免疫システムや消化器官は十分に成熟しているので、さまざまな食べ物に対応できる。そうした制限は必要ない。ＢＬＷを実践していようがいまいが、それは変わらない。

一般的には、自然な食材が使われ、新鮮な食品が食卓に並べられていれば、赤ちゃんはどれを食べても大丈夫だろう。食べさせないほうがよい食品がいくつかあるが、特別な順番で食べさせる必要はないし、一度にひとつの味と決める必要もない。

初めての離乳食は味付けしていない蒸した野菜か、果物にすべきだと思い込んでいる人が多い。確かにそうした食べ物はつかみやすいが、それら以外にもさまざまな栄養素（鉄や亜鉛など）を含んだ食べ物が与えられなければならない。キャセロール、サラダ、パスタ、炒めもの、焼き肉、または手づかみできるような形に変えられる、これら以外の健康的な料理も食べられる。赤ちゃんに与えるときの目安は以下の通り。

- 栄養のある食べ物を与える。
- 少なくとも１日に１回は五大栄養素の食品群のなかから１品目ずつ与える（２１９〜２２２ページ参照）。
- １週間単位でさまざまな種類の食べ物を与える。そうすれば赤ちゃんは違った味と舌ざわりを経験する機会に恵まれる。
- 赤ちゃんが食べられる大きさや形のものを与える（赤ちゃんの能力はすぐに発達することを忘れずに）。

栄養と、家族全員に健康でバランスの取れた食事を提供することについては6章でくわしく述べる。

避けるべき食べ物

家族が食べている料理を赤ちゃんが一緒に食べられるようになっても、どの食べ物が赤ちゃんに良くないか、なぜ避けるべきかを知っておくことは大切だ。そうした考え方を知っておけば、赤ちゃんの食事を限りなく健康的なものにすることができる。次に列挙したのは、赤ちゃんと一緒に食べるときに避けなければならないおもな食品である。さらにくわしい情報についてもこのあと本章で取り上げる。

- 食塩が必要以上に含まれる食品。食塩は避けるべき食品の筆頭に数えられる。
- 砂糖が必要以上に含まれる食品。
- 人工調味料、人工着色料、防腐剤、人工甘味料が含まれる食品。これらに共通して含まれているのは、健康リスクの可能性があるとしてE番号（食品添加物）に列挙されているグルタミン酸ソーダ（化学調味料）、アスパルテーム［低カロリーの人工甘味料］、添加剤である。加工食品に表示された原材料の数は少ないほど良い。
- 調理済み食品、加工スナック、ジャンクフード。これらはたいてい塩分、糖分、水素添加油脂、人工添加物を多く含む。
・未調理か軽く調理したシーフード（ムラサキガイ、エビなど）は、胃に重い感染症を引き起こす可能性がある。
・ハチミツは、ボツリヌス症（重い感染症）の原因である可能性が指摘されている。少なくとも1歳になるまでは食べさせないほうがいい。
・サメ、メカジキ、マカジキは、高レベルの汚染物質、とくに水銀を含んでいる可能性がある。
・低温殺菌していない白カビチーズ（ブリーチーズなど）は、リステリア菌が含まれているかもしれない。
・生のブラン（小麦ふすま）とブラン製品
・紅茶、コーヒー、コーラなどのカフェイン含有の飲み物。カフェインは興奮作用があるので、赤ちゃんが怒りっぽくなる。紅茶は鉄の吸収を妨げる。
・ライスミルクは無機ヒ素を含有しているので、5歳未満の子供に与えるべきではない。
・豆乳は高濃度のアルミニウムと植物性エストロゲンを含有している。
・炭酸飲料と稀釈していないフルーツジュースは、虫歯の原因になる。

喉に詰まりそうな食べ物は避けるか、形を変えたりすべきである（150ページ参照）。深刻なアレルギーの恐れがある食べ物は避けなければならない（140ページ参照）。このほかにも、バランスの取れた食べ物数種類を与え（できれば家族が食べているもの）、赤ちゃんに選ばせることが重要だ。幼い頃に試した食べ物の味や舌ざわりが多種多様であればあるほど、大きくなってからさまざまな食べ物を楽しめるようになる。

◉食塩

食塩の取りすぎは誰にとっても良くないが、赤ちゃんにとっては危険ですらある。赤ちゃんの腎臓は大量の食塩を処理できるほど成熟していないので、重い病気になる可能性がある。また赤ちゃんの頃から食塩の摂取量を少なくしておけば今後の健康にとってもプラスとなり、成長してから塩辛い食べ物を好むことはないだろう。

食塩は風味を生かすために多くの食品（とくに調理済みの料理、市販のソース、スープストック、グレービーソース）に加えられている。また、長期保存するためにベーコン、ハム、缶詰などには食塩が使われている。わたしたちが口にする食塩の大部分は、料理中やテーブルで振りかけられるのではなく、食品のなかにすでに隠れている。こうした食塩を避けるには、調理時に気をつけるのはもちろんのこと、何を購入するかについても考えなければならない。

1歳未満の赤ちゃんは食塩を1日1グラム（0・4グラムの塩分）しか摂取してはいけない。調理済みの料理と加工食品は、赤ちゃんにとっては多すぎる食塩を含んでいることが多い。パルメザンチーズ、フェタチーズ、プロセスチーズ（スライスチーズ、塗るタイプのチーズスプレッド、三角チーズ）などのチーズのなかには、100グラムにつき1グラムの食塩を含むものがある。食パンのなかにも2枚で1グラムの食塩を含むものがある。だからチーズとパンは健康的な食べ物ではあるが、赤ちゃんに毎食与えるべきではない。塩気のある食品は1日に1回以上は与えず、与えたときは飲み水や母乳と一緒に食塩が含まれていない食品（新鮮な野菜など）をたくさん与えるといい。

避けるべき塩分の多い食べ物

- 調理済み食品（ピザなど）
- 朝食用シリアル（食品栄養成分表示をチェックする）
- チーズの超加工食品（ストリングチーズなど）
- 塩味のスナック（ポテトチップスやトルティーヤチップス）
- 市販のセイボリーパイ（惣菜パイ）
- 市販のパスタソースやカレーソース
- ソース（ケチャップやブラウンソース、醤油）
- 市販のスープストックやグレービーソース（購入時は低塩のものを選ぶ）
- 缶詰のスープや乾燥スープ
- 燻製された肉や魚
- オリーブ、ツナ、アンチョビなどの塩水漬けの食べ物（真水かオイル漬けを選ぶ）
- 持ち帰りの食べ物の大部分

たまに、それも少量に制限すべき食品は以下の通り。

・ハードチーズ（パルメザン、エダム、チェダー）
・ソーセージ（とくにペパロニ、チョリソー、サラミ）
・ハムとベーコン
・低塩のベイクドビーンズ（食塩と添加物をチェックする）
・酵母エキス（マーマイト［ビールの酵母を主原料としたジャムのような食品］など）
・市販のベーカリー製品（たとえば、チャバッタ［しっとり、もっちりしたイタリアのパン］、ペストリー、チーズストロー［チーズ風味のスティックパイ］）

あらゆる食品について言えることだが、購入するときは栄養成分表示を読むこと。食品メーカーのなかには「塩分」（あるいは「ナトリウム」）と表示するところがある。その場合は、塩分の量に2・5をかけると食塩の量になる。一般的な指針としては、100グラムあたり食塩が1・5グラム（塩分0・6グラム）以上だと高塩食品、0・3グラム以下だと低塩食品になる。

赤ちゃんがいる家庭では、自分たちの食べ物に食塩をいれずに調理しようとするお母さんやお父さんが多い。こういう家庭の赤ちゃんは家族と一緒に安全に食事をすることができる。お母さんやお父さんにしても、食べるものと料理法を工夫するだけで、塩気のあるものを好む食生活をかなり短期間で改善できるし、ハーブと香辛料をうまく使えば、しっかりした味付けの料理を食べたいという欲求を満たすこともできる。赤ちゃんが香辛料のきいた食べ物が好きなことを知って驚くお母さんやお父さんが多い。

もし自分の料理に食塩を加えたかったら、料理中ではなく、食卓で加えるようにしよう。ただし大きくなったら、赤ちゃんはあなたの行動をすべてまねするということを忘れずに――ある日子供が塩入れをつかんで、自分の食べ物に振りかけるかもしれない！

●砂糖

砂糖は甘みとしてたくさんの食べ物と飲み物に添加されているが、重要な栄養素は含まれていない。つまりカロリーが高いだけということになる。また歯にもよくない（まだ歯が生えていなくてもよくない）。糖分の少ない食べ物から離乳食を始めれば、赤ちゃんが将来極端な甘いもの好きになることはないだろう。

砂糖はソース、朝食用シリアル、味付きヨーグルト、ベイクドビーンズのような食品に「隠れている」場合が多い。市販の調理済みベビーフードにさえも大量の砂糖が含まれていることがある。食品の袋やラベルにショ糖［蔗糖《しょとう》と同じ］、ブドウ糖、果糖《かとう》、水飴《みずあめ》、コーンシロップなどの名前があるか注意しよう――すべて砂糖の一種である。

とはいえ、赤ちゃんのために完全糖質オフの食事を目指す必要はない。ケーキやビスケットや甘いプリンをたまに与えるのは問題ない――とくに手作りの場合は。また調理法を変えることで砂糖の量を減らすことは可能だ。たとえば、調理用リンゴの代わりに自然に甘みのある食用リンゴを使ってアップルパイを作る、つぶしたバナナやドライフルーツを加えて料理を甘くするなどの方法だ。

糖蜜は栄養のある自然な甘みで、料理のときに重宝する。また、レシピに書いてある砂糖の量を半分にしてもさほど違いはない場合も多いことを付け加えておこう。

成人には不要だが赤ちゃんには必要なもの

わたしたち成人にとっては食塩、砂糖、加工食品を控えるのは有益だが、脂肪と食物繊維に関しては赤ちゃんと成人ではその必要度が異なる。

◉脂肪

乳幼児はエネルギーを簡単に使い果たしてしまうので、体が小さい割には成人よりも食事で多くの脂肪を摂取しなければならない。したがって、家族がいつも低脂肪の食事をしている場合は、赤ちゃんには脂肪がたっぷり入った食べ物を与える必要がある。たとえば、乳脂肪分を半減した牛乳やさらに低い低脂肪牛乳ではなく、乳脂肪分の高い牛乳、チーズ、ヨーグルトを与えるべきである（ただしどの脂肪を避けるべきかは222ページ参照）。だが急ぐ必要はない。離乳食を始めた最初の数か月は、母乳やミルクから栄養の大部分をまだ摂取しているからだ（両方とも健康的な脂肪をたっぷり含んでいる）。実際、母乳は、脳の発達にとくに重要なオメガ3脂肪酸を摂取するのに最適な栄養源である。

◉食物繊維

オート麦、レンズ豆、エンドウ豆、果物などに含まれる食物繊維の大部分は赤ちゃんの体によいとされ、腸の健康を保つのに役立つ。けれども赤ちゃんに与える穀物（全粒粉のパンとパスタなど）の総量を制限するのは賢明な方法だ。なぜならそうした食べ物に含まれる食物繊維の量と種類のせいで（２２０ページ参照）、赤ちゃんはお腹がいっぱいになり、それ以外の重要な栄養を含む食べ物が入らなくなってしまう可能性があるからだ。

とはいえ家族がいつもは全粒粉パンと玄米を食べているのに、無理に精白パンや白米に変える必要はない。実際、全粒粉の食品は加工食品よりも栄養がある。赤ちゃんがそうした食品を好きになるように、早い時期から慣れさせるのはよいことだろう。あなたは、赤ちゃんが自由に選べるように健康的な食品をほかにもたくさん用意するだけでいい。そうすれば赤ちゃんは全粒粉の食品をどれだけ食べるかを自分で決められる。赤ちゃんに多くの種類の食品を与えるために、玄米と白米、パスタとパンを交互に与えるお母さんやお父さんもいる。

ただし生のブラン（小麦ふすま）や高食物繊維のシリアルなどの濃縮された食物繊維は、赤ちゃんの消化管に刺激を与え、カルシウムや鉄などのミネラルの吸収を抑えるので与えてはいけない。

◉脂っこい魚

脂肪分の多い魚はもっとも栄養のある食品のひとつで、オメガ３脂肪酸を多量に含んでいるが、現在のイギリス政府のガイドラインでは、女児（赤ちゃんを含む）は脂っぽい魚を１週間に２切れだけにすべきであるとしている。これは、こうした魚に含まれる低レベルの毒素が将来生まれてくる赤ちゃんに悪影響を及ぼすことを懸念してのことだ。一方、男児は1週間に4切れも食べられる。脂っこい魚とは、具体的にはイワシ、マス、サバ、サケなどである。生のマグロも含まれるが、ツナ缶は含まれない（ただし缶詰にする過程で有益な脂肪が減る）。タラ、黒タラ、コダラのような白身の魚は「脂っこい魚」に分類されていない。ひんぱんに食べても問題ない。

ビタミン剤のサプリメント

イギリス保健省は5歳未満の子供に、一般的には液滴《えきてき》という形でビタミンA、C、Dのサプリメントを推奨している。多くの国がそうであるように、イギリスでも日光（理想的な供給源）からビタミンDを十分に取り入れることはむずかしく、また食べ物だけから得るのも容易ではない。ビタミンCは果物や野菜に含まれているが、現代の食糧生産や貯蔵方法の現実を考えると、食品がわたしたちに届くまでにその多くが失われてしまうだろう。ビタミンAを食事から十分に摂取できない赤ちゃんがわずかにいるので、サプリメントの推奨には予防措置の意味も込められている。

ビタミンDのサプリメントは誕生時から、ビタミンAとCは生後6か月から推奨されている。ただしミルクで育てられている赤ちゃんは、1日500ミリリットルを飲むようになってから与えるべきである。ミルクは、すでにこれらのビタミンで栄養強化されているからだ。また、

——ビタミンAは過剰に摂取すると有害になる。

食物アレルギー

一般にアレルギー反応を引き起こしやすいといわれる食べ物を赤ちゃんに意図的に遅らせて与える必要はない。なぜなら最新の研究によれば、遅らせたとしても赤ちゃんが食物アレルギーになる可能性が低くなるわけではないそうだ。一方、母乳を与えていると（誕生時から、および離乳食が始まってからも）アレルギーへの予防効果があるらしい［2019年3月の日本の厚生労働省の指針では「母乳にアレルギー予防効果はなし」とされている］。

けれども赤ちゃんの近親者にアレルギーの人がいれば、離乳開始時に用心するに越したことはない。アレルゲンとしてよく挙げられるのは、ピーナツ、貝、小麦、イチゴ、柑橘類、キウイフルーツ、ナッツ、種子（ゴマなど）、トマト、魚、卵、乳製品である。

赤ちゃん主導の離乳の利点のひとつは、赤ちゃんがさまざまな食品を別々に試すことができることだ。スプーンでは食品を混ぜて与えがちだが、BLWは問題の原因になりそうな食べ物を特定しやすい。気がかりな食品を数日空けて与えることで、アレルゲンかもしれないものを推測することができる。疑わしいときは、医師か新生児訪問の保健師にたずねるといい。すでに栄養士や小児科医にかかっている場合は彼らにアドバイスを求めること。

食物への反応すべてが、アレルギーによって引き起こされるわけではない。一時的な食物不耐性

（非アレルギー性食物過敏症）による場合もある。赤ちゃんのときにある食べ物に反応したとしても、3歳までに耐性ができる子供は多い。赤ちゃんがある食べ物に激しく反応したとしても、永遠にそれを避けなければならない必要はないかもしれない。赤ちゃんのなかには柑橘類やイチゴを食べると口のまわりに発疹ができる子がいる。これはそうした酸の含有量が多い食物に反応したにすぎない可能性が高い。とはいえ、アレルギー反応を起こした可能性も捨てきれない。判断できないときは、医学的なアドバイスを求めること。そして赤ちゃんがある食べ物を拒んだら、そうした赤ちゃんの行動をまず信用すること。

BLW　わたしの場合

ファーンは、6か月のときは食べ物とは何なのかがわかっていませんでした。7か月になると、わたしたち家族がそれを食べているということはわかり始めたようですが、食べ物をあの子の前に置いても、あまり見ようともしませんでした。食べ物に手を伸ばすようになったのはつい最近です。鶏肉の骨をしゃぶるようになりました。バナナをひと切れつかめたときは歯ぐきでちょっと嚙むようになりました。でも吐き出してそれで遊んだりして、必ずしも食べるとは限りませんでした。口の中には入れるんですけどね。10か月になると、スプーンでピューレを食べさせることは無意味だとわかりました。食べ物をそのまま与えて、あの子が自分で食べるようにさせたほうがずっと楽だから。

うちの親族にはアレルギーの人が多いんです。ファーンは母乳を通してわたしが食べたものにひどく反応しました。反応したのはエビ、ブドウ、豚肉だとわかったので、わたしが食べるのをやめると、あの子の具合もよくなりました。BLWをしているあいだはアルカリ性食品を与えるようにして、あの子の食べるようすを観察しました。ファーンが食べたのは、バナナ、アボカド、鶏肉、料理用バナナ、ジャガイモだけ。離乳食の始まりが遅かったのは、あの子のアレルギーと関係があったのかもしれません。

親戚に、ファーンより2週間前に生まれた、やっぱり女の子の赤ちゃんがいます。その子は4か月で離乳食を始め、だいぶ前から1日3食になっていたから、ファーンとその子はちょっと比較されることがあります。ファーンが健康に育っていることはみんなわかっているはずなのに、「まだ離乳食を食べていないの?」と繰り返しわたしに聞いてきます。今のままで問題ないと思っている親戚もいるんですが、無理にでも食べさせたほうがいいと考える親戚もいます。みんなと同じものをそろそろファーンも食べるべきだと思っているのでしょうが、「準備ができたときが始めるとき」とわたしは考えています。それに、ファーンがやせているようには見えません。「やせていない」というより、大きいです。

——サンドラ/ルーベン(3歳)とファーン(10か月)のお母さん

子供が赤ちゃんの頃に避けていた食べ物がのちにアレルゲンだとわかった、と言うお母さんやお父さんがいる。

8か月の頃、オスカーがイチゴを食べたら顔に変な発疹が出たの。そのあとずっとオスカーはイチゴを食べなかった。ぎゅっと握りしめてつぶすんだけど、絶対食べないの。

――ナタリー／オスカー（1歳2か月）のお母さん

赤ちゃんが多種多様な食品をちゃんと食べているか、できるだけ確かめよう。限られた種類の食品しか与えないような習慣になっていないか、チェックしよう。たとえば乳製品と小麦を毎日少なくとも2回は食べている人は多い。このふたつには共通点がある。アレルギーと食物不耐性の原因になりうる食品だ。

離乳の初期にふさわしい食べ物

ほとんどの料理や食べ物は、赤ちゃんも食べられるように簡単に工夫することができる。これまで見てきたように、簡単につかめて、しゃぶったり噛んだりできる大きめの食べ物を手始めに与えるのがいいだろう。皮肉なようだが、最初の頃に赤ちゃんが扱いにくいのはひと口サイズの食べ物だ。手で握ると手のひらに収まりすぎて食べられないのである。赤ちゃんの能力が発達するにつれて、手でつかめる食べ物のほかに、新しい舌ざわりのものを与えるようにしよう。赤ちゃんが新しい食べ方を練習できるように（93ページ参照）。

●肉

肉は、鉄と亜鉛を多量に含んでおり、初めての食べ物として重要である。そのふたつは、赤ちゃんが離乳食から摂取しなければならない最初の栄養素になりそうだ。赤ちゃんをベジタリアンとして育てるのでなければ、肉は初めて味わう食べ物のうちのひとつであるべきだ（鉄の代替源については223ページ参照）。

肉は細長く、または厚く切ったり、裂いたりする。初めのうちは鶏肉の骨付きモモ肉が一番扱いやすいだろう。モモ肉はムネ肉と比べてぱさぱさしていない。

パテや小さなハンバーグにしたひき肉料理を与えてみるのもいい。赤ちゃんはひき肉の固まりを指を使って驚くほど上手につかむことができる。

大人が噛み砕いたものを与える

大人が噛み砕いた食べ物を赤ちゃんに与えるのはいくつかの文化で昔から行われてきた。食べ物がやわらかくなり、唾液と混ざることで消化しやすくなるからだ。噛み砕かれた食べ物は直接お母さんから赤ちゃんへと口移しされる。あるいは手で与えられる。これは肉ですることが多い（繊維を壊して赤ちゃんが食べやすいようにする）。ＢＬＷを実践しているお母さんやお父さんがこれをしてはいけない理由はないが、本当に必要なこととは思えない。月齢の低い赤ちゃんは肉を、とくに赤身の肉をうまく噛めないが、しゃぶることで多くの栄養が得られる。

たとえばしゃぶることで肉汁から鉄をたっぷり摂取できる。ただし誰かが噛んだ肉を赤ちゃんが食べる場合、肉のタンパク質は多く摂取できるかもしれないが、鉄の一部は失われる。

赤身の肉は焼くよりシチューにしてやわらかくしたほうがいい。また豚肉、牛肉、ラム肉のような肉は、肉の繊維に沿ってではなく、繊維を切るように切り分けると赤ちゃんは噛みやすくなる。逆に鶏肉、七面鳥、鴨肉などの家禽《かきん》は繊維に沿って切り分けるといい。さもないと、崩れやすくつかみにくくなる。

◉野菜と果物

生の硬い野菜は輪切りよりも細長くスティック状に切り、塩を加えずに——やわらかくなりすぎないように——火を通す。「アルデンテ」は大人にはいいかもしれないが、赤ちゃんは生え始めた歯が邪魔になり、あまり食べられないことを覚えておこう。野菜スティックをゆでたり蒸したりするのも悪くないが、オーブンで焼くとおいしい。表面が少しパリっとなって、つかみやすくなる。ただしニンジン、サツマイモ、パースニップ（白ニンジン）のような野菜はオーブンで焼くと縮むので、幅広に切ることを忘れずに。キュウリのようなやわらかな野菜スティックは生でも与えられる。

ニンジンスティックをカルムに初めてあげたとき、蒸し方がたりなくて、あの子はしゃぶるだけだった。わたしたちのより数分長く蒸すべきだったのよね。そうすればカルムは噛めたと思う。

――ルース／カルム（1歳6か月）のお母さん

メロンやパパイヤのような大きな果物はスティック状かくさび形に、ブドウのような丸い果物は半分に切る。ブルーベリーのような小粒の果物は赤ちゃんがつまむには小さすぎるが、少しつぶせばつかんでみようとするかもしれない。スモモは4等分に、リンゴ、ナシ、モモ、ネクタリンはくさび形に切る。リンゴはしゃぶりやすいが、サクサクしているものよりも少しやわらかいもののほうが意外に噛み取れない。硬いリンゴはくさび形に切ってから電子レンジにかければ簡単にやわらかくなる。

赤ちゃんがつかみやすいようにたいていの果物と野菜の皮は残しておくといい――少なくとも赤ちゃんが噛み切れるようになるまでは。リンゴ、ナシ、アボカド、マンゴー、ジャガイモはどれも皮が残っていても問題ない。赤ちゃんは歯で果肉をこすり取る方法や、歯ぐきで果肉をしゃぶる方法をすぐに考え出すだろう。大きなくさび形に切ったオレンジをうまく食べる赤ちゃんもいれば、筋を取ったオレンジの袋をひとつずつ手でつかむのが好きな赤ちゃんもいる。

バナナも皮つきで与えるお母さんやお父さんが多い。赤ちゃんが皮を噛んでもいいように、まず皮を洗い、それからバナナが手から3センチくらいはみ出るように切る――アイスクリーム・コーンのように。赤ちゃんの能力がもっと発達したら、皮なしのバナナを食べさせてみよう。握りつぶさないためにはどれくらいの力で握ればいいのかがわかるようになる。
以下、アドバイスをいくつか。

- 波状の刃をしたクリンクル・カッターは、果物や野菜をつかみやすい形に切るのに役立つ。
- 赤ちゃんに与える前にあなたが丸ごとの果物をひと口かじれば、赤ちゃんはそこから食べ始められる。
- 野菜が余ったら火を通して冷凍庫で保存すると便利だ（赤ちゃん用ではなく、あなた用に）。
- 蒸してつぶした野菜を使って、パスタ用のおいしいソース（あまりとろっとしていない）を作れる。

赤ちゃん用の簡単なフィンガーフード

- 蒸すか軽くゆでた丸ごとの野菜。サヤインゲン、ベビーコーン、サヤエンドウ、スナップエンドウなど。
- 蒸すか軽くゆでたカリフラワーやブロッコリー
- 蒸すか焼くか強火で炒めた野菜スティック。ニンジン、ジャガイモ、ナス、サツマイモ、スウェーデンカブ（ルタバガ）、パースニップ（白ニンジン）、ズッキーニ、カボチャなど。
- 生のキュウリのスティック。歯が生え始めた赤ちゃんに最適。冷蔵庫で冷やしたキュウリは歯ぐきの不快感を和らげる。
・太めに切ったアボカド（熟しすぎていないもの。熟しすぎたものはやわらかすぎてつかめない）
・硬めのオムレツを細長く切ったもの
・鶏肉（細長くする、あるいは骨付きモモ肉）
・細長くした牛肉、ラム肉、豚肉
・ナシ、バナナ、モモ、やわらかなリンゴ、ネクタリン、マンゴーなどの果物──丸ごとかくさび形
・薄味のライスケーキかトーストしたスティックパン──それだけで食べるか、イワシやトマトやカテージチーズなどの手作りのスプレッド（塗りもの）を塗る。
・手作りのミートボール、パテ、牛肉のハンバーグ
・手作りのラム肉や鶏肉のナゲット
・手作りのフィッシュケーキやフィッシュスティック
・手作りのファラフェル（ひよこ豆のコロッケ）やレンズ豆のパテ

ただし赤ちゃん用の特別なレシピを使う必要はない。お気に入りのレシピでいいが、食塩と砂糖を極力控える。

●パン

食パンはフィンガーフードに向くが、1歳未満の赤ちゃんは1日2枚以上を食べてはいけない。食塩が多く含まれているものが多いからだ。たいていの食パンはトーストすれば月齢の低い赤ちゃんでもつかみやすいが、とくに精白パンは水分を含むとかなりやわらかくなるので口の中で扱いにくくなる――とりわけ焼きたての場合は。チャパティ、ピタパン、ナンのような平たいパンはやわらかくないので、赤ちゃんはつかみやすいだろう。

低塩・減塩のスティックパンは、フムス（ひよこ豆のペースト）のようないわゆる「ソフト食」に浸すのに便利だ。赤ちゃんが自分で浸すことができるようになるまでは、あらかじめスティックパンにのせて与えるといい。無塩のライスケーキはパンの代わりになり、とくにソフト食や濃厚なソースを塗るのにいい。

●パスタ

ねじりパスタ（フジッリ）、貝殻パスタ、蝶形パスタはでこぼこしているので、つるつるしたパスタよりもつかみやすい。たいていの食べ物はソースがかかっていなければうまく扱えることに赤ちゃんは気づくだろう。ソースをかけたものとかけてないものを試せるように、両方を与えてみよう。

手始めにわたしたちはマリアによく蒸したニンジンを数切れ、ナシやリンゴを少し、鶏肉やラム肉の厚切りを数枚あげてみた――夕食に作ったものからってこと。マリアはブロッコリーをかなり早い時期に食べて、大好物になったみたい。初めは棒付きキャンディーみたいに花芽をしゃぶってたけど、今は噛めるようになって茎のほうまで下がってきたわ。

――アリソン／マリア（7か月）のお母さん

喉に詰まりそうな食べ物に手を加える

形や硬さが赤ちゃんにとっては危険な食べ物がある。手を加えれば問題ないものがほとんどだが、子供が大きくなるまでは完全に避けたほうがいいものもある。以下に工夫の仕方を書いた。

- サクランボ、オリーブ、スモモのような果物からは種を取る。
- ブドウ、サクランボ、ミニトマトなどの小さくて丸い果物や野菜は、2等分か4等分にする。
- リンゴのようにとても歯ごたえのある硬い果物は、電子レンジでやわらかくする。
- 細い骨、皮、軟骨は取り除いておく。
- 骨がないか、魚をていねいに調べる（切り身の魚の缶詰にも取り残しの骨はある）。
- 輪切りにしたもの（ニンジンやソーセージなど）は食べさせないか、半分に切って半月形にする。
- 小さくて硬いものが入っているかもしれないケーキ、キャセロール、サラダには注意する。

・ナッツ丸ごと（または大きな実）は少なくとも3歳になるまでは避けるべきである。ナッツは子供の小さな気管に簡単に詰まってしまい、ほかの食べ物と違って、溶けることがない（挽いたナッツやナッツバターならよい）。

●お米

お米は栄養のあるおいしい主食であるが、赤ちゃんがつかみやすいようにするために、お母さんやお父さんは料理法や使うお米の種類を工夫しなければならない。

お米（タイ米、ジャポニカ米、リゾット用の米、ライスプディング用の米）はもともと粘りがあり、ひとつかみするのが簡単だ。バスマティ米［インド、パキスタン産の香りのいい長粒米］などのお米は少し煮すぎたものか、前日に炊いたものなら、赤ちゃんはつかみやすい（料理したお米を安全に保存するための重要な情報は257ページ参照）。

とはいえ、どの赤ちゃんも最後にはお米の扱い方を発見する。顔をお皿に近づけてライスを「すくい取る」赤ちゃんもいるだろうし、1粒選んでは親指と人差し指でつまむ練習をして楽しむ赤ちゃんもいるだろう。これはちょっと時間がかかるが見ていてとてもおもしろい――そして手と目の協調運動にぴったりな作業だ！

●卵

卵は非常に栄養がある。硬めのオムレツやフリッタータ（イタリアの卵料理）を作り、細長く、または厚切りに切ってあげるといい。赤ちゃんはやわらかなスクランブルエッグをつかんで口に運ぶのを楽しむかもしれないし、トーストしたスティックパン（や自分自身の指！）をゆで卵やポーチドエッグに浸しておもしろがるかもしれない。

卵は、赤い「ブリティッシュライオン［英国王室の紋章に用いられるライオン］」のマーク付きのものか、「ブリティッシュライオン品質」のラベルが貼ってあれば、少しだけ火を通したものや、生でさえ（手作りマヨネーズなど）赤ちゃんにも安全と言っていい。それ以外の卵はサルモネラ菌による食中毒の危険を避けるため、黄身と白身が固くなるまで火を通そう。

●どろっとした食べ物

ヨーグルトやポリッジ［水や牛乳で煮込んだオート麦などのお粥《かゆ》］のようなどろっとしたものは、スプーンでしか赤ちゃんは食べられないように思えるが、赤ちゃんの適応力には目を見張るものがあり、すぐに自分なりの方法を見つけだすものだ。次のアドバイスが参考になるだろう。

・なめらかでどろっとしたヨーグルトは容器から直接飲める。
・普通よりもやや濃いポリッジを作れば、赤ちゃんはそれを軽く手づかみして口に持っていける。
・スープは、野菜や肉の固まりが入っていれば手ですくいやすい。
・口当たりのいいスープや薄いスープは、お米やパンのかけらを入れてどろっとさせることができる。また赤ちゃんがスープに浸せるようにパンやライスケーキを与えるのもいい。

・自分でスプーンをうまく使って口まで運べる赤ちゃんがいるが、スプーンに食べ物をのせるのは助けがないとできない。赤ちゃんが食べ物ののったスプーンを振りまわしたり、さかさまにして食べ物を落とされたりするのが嫌なら、あなたが自分でそのスプーンを持ち、赤ちゃんがあなたの手首をつかんで自分の口に持っていくようにさせればいい。そうすれば赤ちゃんがコントロールしていることになる。
・赤ちゃんにスティックパンや料理したニンジンスティックなどの食べ物を与えて、ソフト食やどろっとした食べ物に「浸せる」ようにする（次のページの「ディップとそれに浸す食材」参照）。あるいは赤ちゃんは自分の指を浸すほうが好きかもしれない。

わたしが作ったスプリットピー［乾燥して半分に割ったエンドウ豆］とハムのとろっとしたスープを、フェイは大好きになったの。スプーンを渡すと、あの子はスープに浸してちょっとしゃぶったけど、最後にはスプーンなんかほっぽり出してボウルの中に顔を突っ込んだわ（吸盤のついたボウルを使っていたけど、フェイがひっくり返さないようにわたしはあわててボウルをつかんだ）。それからボウルの中に両手を入れて、かなりな量のスープをすくったみたい。それが初めての成功体験。けっこう早かったわね——7か月になる前だったから。

——ジャニス／アルフィー（4歳）とフェイ（8か月）のお母さん

◉ディップとそれに浸す食材

ほとんどの赤ちゃんは9か月頃からディップに浸すことができる。しかし何事にも言えるが、ほかの子よりかなり早くできる子がいる（なかなかできない子もいる）。何しろディップに浸すのはとてもおもしろい。ヨーグルトやポリッジのようなやわらかい食べ物やどろっとした食べ物をスプーンを使わずに食べられる。これはスプーンを使うときが来たら必要になる能力を養うのにもいい方法だ。食べ物をディップに自分で浸すことで、焼いたパースニップ（白ニンジン）のスティックをカスタードに浸すような奇妙な組み合わせもありうることを発見するかもしれない！

ディップに浸す食材として最適なもの

- チャパティ、ナン、ピタパン、食パン
- スティックパン、オートケーキ、ライスケーキ（無糖・無塩）——これらは、最初に半分に割れば浸しやすい
- ネクタリンやマンゴーなどのくさび形に切った果物
- セロリ（筋は取る）、パプリカ、ズッキーニ、キュウリなどの生野菜の太めのスティック
- ベビーコーンやサヤインゲンを丸ごと料理したもの
- ニンジン、カボチャ全般、パースニップ、ズッキーニ、ジャガイモ、サツマイモなどを蒸した野菜スティック

ディップが好きなら、家で簡単に作れる各国の伝統的なディップがたくさんある。たとえば、トルコ料理のフムス、メキシコ料理のグアカモーレ（アボカドのペースト）、ギリシャ料理のザジキ（キュウリとヨーグルトのソース）、中東料理のババガヌージ（焼きナスのペースト）だ。

飲み物

赤ちゃんが食事中に飲み物を必要とする時期については、母乳で育てられているかミルクで育てられているかである程度決まる。完全母乳の赤ちゃんは必要なものすべて（食べ物と飲み物の両方）を手に入れられる。たとえば酷暑のときは、水分を多く取れるように授乳の回数や量を増やすだけでよい。なぜなら母乳の成分は授乳のあいだ（喉を潤してから腹をいっぱいにするまで）に変わるからだ。これは赤ちゃんが離乳食を食べているときもうまく機能し続ける――赤ちゃんが欲しいときにいつでも母乳を与えられている限りは。また食事中に水を飲む機会を与えられれば、赤ちゃんは食べ物のときと同じように飲み物についても学ぶことになる。

ミルクは喉を潤すには濃すぎるし、授乳のあいだにその成分が変化することはない。そのためミルクで育てられている赤ちゃんには、離乳を始める前からときおり水を与えなければならない。できればふたのないカップで定期的に与えると、今はお腹がすいているのではなく、喉がかわいているのだと判断できる。

水と母乳は乳幼児にとって最善の飲み物である。水道水（できればろ過水）で十分なので、6か月以上の赤ちゃんなら沸騰させる必要はない。果物や野菜のジュースを与えるときは、ジュース1に対して少なくとも水10の割合で薄める。薄めたジュースでも、生え始めの歯に悪影響を及ぼす糖分が含まれていることを忘れずに。また、ジュースは赤ちゃんのお腹をいっぱいにしてしまう。もっと栄養のある食べ物が食べられなくなるので注意してほしい。

牛乳

昔は栄養を十分に取るために乳幼児は多量の牛乳が必要だと考えられていたが、今は水か母乳以外の飲み物は不要だと考えられている。牛乳に魔法の力はない。それどころか、動物の乳や乳製品を食べたり飲んだりする習慣がない国は多い。

そもそも動物の乳は、その動物の赤ちゃんに必要な栄養を正しい割合で与えるためのものだ。だから人間の赤ちゃんに適しているのは母乳だけだ。牛乳は（ヤギやヒツジの乳も）人間の赤ちゃんが飲み物として摂取するには濃すぎる。赤ちゃんは食欲をなくし、ほかのものをあまり食べなくなる。赤ちゃんは貧血か、さもなければ栄養不足になる可能性さえある。また動物の乳はアレルギーをよく引き起こす。とはいえ、牛乳にはタンパク質、カルシウム、脂肪、ビタミンA、B、Dが十分に含まれているので、赤ちゃんの食事の一部としては有益だ。飲み物としてではなくむしろ食べ物として扱い、赤ちゃんが1歳を過ぎるまでは料理や朝食用のシリアルに入れて使うぐらいがよい。

朝食

ＢＬＷが初めてのお母さんやお父さんは、朝食に何を与えたらいいのか迷うことが多い。初めのうち、多くの赤ちゃんは朝食にまったく興味を示さない。一日のその時間帯に赤ちゃんが望むことは、抱っこされて母乳やミルクを飲むことだ。

理想的な朝食

・新鮮な果物
・手作りのポリッジ（お粥）。料理中に次のものを加えるといい。煮るかすりおろしたリンゴやナシ、ブラックベリー、ブルーベリー、レーズン、アプリコット、デーツ、クランベリー（ツルコケモモ）、イチジク。ドライフルーツを使うなら、前もって水に浸すか、やわらかくなるまで十分に煮てあることを確認する。食卓では、フルーツピューレ、粉々に砕いた新鮮なナッツやヒマワリの種、イチゴ、糖蜜少量を与えてもよい。ポリッジは普通はオート麦で作るが、ライスフレーク、キビフレーク、キノアフレークでも作ることができる（これらは健康食品店やスーパーで購入できる）。
・新鮮な果物を加えた脂肪分の多いヨーグルト。乳幼児は煮るか裏ごしした果物やベリーをヨーグルトの中でかき混ぜたり、フルーツをヨーグルトの中に浸すのが好きだ。

- スクランブルエッグ
- 牛乳入り、あるいは牛乳なしのシリアル（どろっとしたシリアルが好きな赤ちゃんもいれば、ドライシリアルを好きな赤ちゃんもいる）。食物繊維が多く含まれるブランシリアルはもちろんのこと、チョコレート、ハチミツ、砂糖でコーティングされたシリアルは避ける。食塩と砂糖が少ないシリアルを選ぼう。
- パンケーキは簡単に作れる。パンケーキの上に煮るかすりおろしたリンゴやナシを塗ったり、やわらかなフルーツの薄切りを並べたりしてから、巻いたり細長く切ったりして与える。
- ピーナツバター、クリームチーズ、100パーセントのフルーツジャムを塗ったトースト、オートケーキ、薄味のライスケーキ。
- トーストと一緒にベイクドビーンズ（低塩のもの）

赤ちゃんが朝食に興味を持つようになったら、次のようなアドバイスや考え方が役立つだろう。

- 牛乳をかけた朝食用シリアルのようなどろっとしたものを赤ちゃんはとても上手に指ですくえるので、家族が食べているものを一緒に食べることができる。
- 時間をたっぷりかけさせてあげる。多くの家庭では朝食の時間はとてもあわただしいが、赤ちゃんは食べ物を試しながら食べるので時間がかかる。

・1週間単位でよいので、赤ちゃんにいろいろな種類の食べ物を与える（成人は習慣的に毎日同じ朝食をとりがちだ）。

BLW　わたしの場合

ベンジャミンは必要なものを食べているって信じるのに2、3か月かかりました。「6か月を過ぎたら鉄分を取らないといけない……これも取らないと、あれも取らないと……」ってまわりがうるさいから、あの子は十分に栄養を取っているのかな、とよく不安になりました。たとえばレンズ豆を食べさせようと思ったけど、どうやって与えればいいのかわからなくて……。ペーストにしてトーストやライスケーキにのせればいいだけのことなのに、思いつかなかったんです。

それで少しパニックになってしまって。こう思ったんです。「ピューレにして食べさせれば、あの子がうまくつかんだり噛んだりできないものからでもいくらか栄養を取れるんじゃないか」って。それで2か月間ずっとピューレを作ったけど、翌日分を用意するのに毎晩2時間くらいかかって……。ベンジャミンが10か月くらいになると、前よりも多めに食べるようになったからBLWに戻しました。BLWを疑ったりしなければよかったと後悔しています、本当に。続けていたらもっと楽だったんじゃないかな。

それに、ベンジャミンは食べるものを自分でコントロールするのが好きなんだってわかりました。スプーンで与えられるより、自分で食べるほうがずっと好きなんだって。あの子はスプーンにのっているものをすごく警戒するようになりました。ほんの少し口の中に入ったとしても、それを食べるかどうかを決めるのはあの子。というより実際は、わたしたちはスプーンを口の中にちょっと押し込んで、あの子が好きかどうかを確認するだけ——好きなときもあれば、そうでないときもありました。初めのうちは栄養のあるものを食べさせないといけないって思いこんで、すごく責任を感じていたんです。

——ジェイナ／ベンジャミン（1歳1か月）のお母さん

外出時の軽食と食べ物

赤ちゃんが空腹を満たすために固形食に頼るようになったら、外出時は軽食を持ち歩くと便利だ。次に挙げるのは、携帯しやすい理想的な食べ物である。

- 果物（やわらかなリンゴ、ナシ、バナナ、ミカンなどのつかみやすいもの）
- ミニトマトと野菜スティック（キュウリ、パプリカ、筋を取ったセロリなど）
- 調理済みの野菜（冷めたもの。ニンジン、ブロッコリーなど）
- 調理済みのベビーコーンや軸付きトウモロコシ（冷めたもの）
- サンドイッチ

・パスタ（ソースの有無は問わない）とパスタサラダ
・ヨーグルト。全脂肪で生きた乳酸菌の入ったプレーンヨーグルトがベスト。新鮮な果物を加えてもよい（味付きのヨーグルトやフロマージュ・フレ［フランス原産の非熟成チーズ］は多量の砂糖を含んでいることがある）。
・アボカドのディップかフムス（ひよこ豆のペースト）。スティックパンか太めのニンジンスティックなどを浸す。
・ピーナツバター、クリームチーズ、無糖のフルーツジャムを塗った低塩のオートケーキやライスケーキやトースト
・朝食用の糖分の少ないドライシリアル

商品の栄養成分表示をしっかり読むこと。ラスク、歯固めビスケットなどの子供向けの多くのスナックは砂糖や添加物が多めに入っている。避けるのが賢明だ。

レトルトパウチ食品

レトルトパウチ食品は、家族で外出するときに便利な乳幼児向けのおやつと考えられることが多いが、離乳食フィーダー（124ページ参照）と同じように、BLWの赤ちゃんにとってはイライラのもとになるかもしれない。パウチの中の食べ物を見られないし、手でさわれな

い。噛み取れないし、よく噛めない。前に食べたことがあるものなのか、食べて安全なものなのかを判断できないので、赤ちゃんは疑わしそうな反応をするだろう。

多くのパウチ食品はさまざまな味が組み合わされているので、赤ちゃんは自分が欲しいものや必要なものを選ぶことができない。また中身が口の中に入っていくようすを予想したり、コントロールしたりすることもできない。パウチ食品を強くしぼりすぎると（あるいは誰かほかの人がしぼると）、中身が口の奥に入りすぎて、喉に詰まる危険性がある。概してパウチ食品は、自分で食べたがる赤ちゃんにはあまり向かない。

デザート

赤ちゃん向きの栄養豊富なデザートはたくさんあるが、毎日与える必要はない。毎食甘いデザートを与えるのは――たとえヨーグルトでも――「甘いもの好き」にさせるようなもの。赤ちゃんは毎回プリンのような甘いものが出てくるのを期待するようになる。子供の味蕾《みらい》（味覚芽《みかくが》）が発達するのは、摂食行動が形成される初めの数年間だ。あなたの力で一生続く良い――あるいは悪い――食習慣を身に付けさせることができる。また毎食デザートを与えると、「野菜を食べ終えればプリンを食べられる」という流れにあまりにも簡単になってしまう可能性もある――赤ちゃんが時間をかけて食事をするのが好きな場合はなおさらそうだ。

家族でデザートを食べる習慣があるなら、なるべく健康的なデザート（できるなら手作りのデザート）を心がけること。市販の「健康食品」でさえ人工甘味料や添加物がかなり含まれている。ほかの人が何か食べていれば赤ちゃんも食べてみたくなるので、体に悪いデザートを赤ちゃんに食べさせたくなかったら、赤ちゃんが寝てから食べるか、ほぼ同じように見える別のものを赤ちゃんに与えよう――いつもうまくいくとは限らないが！　もっとも、あなたがメイン料理と同じくらい栄養豊富なデザートを作るのであれば、たまに赤ちゃんがデザートしか食べなかったとしても心配することはないだろう。

健康的なデザート

- 新鮮な果物
- 手作りのフルーツサラダ
- 全脂肪で生きた乳酸菌の入ったプレーンヨーグルトに新鮮な果物か煮た果物を加えたもの
- 手作りのライスプディング
- 手作りのカスタードプリン
- アップルパイ（多量の砂糖を加えなくて済むように、料理用ではなく食用の甘いリンゴを使う）
- 煮たリンゴかナシ

うちは甘いものをあまり食べないほうだけど、外食のときにわたしがプリンを食べたら、ミラにも分けるわ。あの子に食べさせないなんて考えられない。だって、それってウソつきみたいじゃない。もちろん、わたしがプリンを食べるべきではないんでしょうけどね！　だから「あら、だめよ。これは大人が食べるのものだから」なんて言うつもりはないわ。フェアじゃないもの。それにそんなことを言ったら、甘いものがあの子にとって欲しくてたまらないものになってしまうでしょ。

——カルメン／ミラ（2歳）のお母さん

第5章　離乳初期を過ぎたら

エスターがさまざまな種類の食べ物を扱うようすを見たり、あの子の能力が発達するようすを眺めたりするのはとても興味深かったわ。最初の週はお米をつかめなかったのに翌週はできるようになって、そのうち指で数粒つまめるまでになったの。それから長いこと何も起こらなかったのに、いきなりスプーンを取り上げて自分の口に持っていったのよ。わたしたちはエスターに何も教えていないわ――あの子が学んでいくようすをのんびり眺めていただけ。

――マーガレット／エスター（1歳9か月）のお母さん

赤ちゃんのペースで進める

離乳が進むにつれて、赤ちゃんはさまざまな形や舌ざわりのものを扱えるようになり、自分の能力を発達させていく。とはいえ、赤ちゃんの発達が思うほどスムーズに進んでいないと感じるお母さんやお父さんは多い。しかしこれまで見てきたように、夢中になって食べ始める赤ちゃんもいれば、食べるのにやたら時間がかかる赤ちゃんもいる。食べる量がなかなか増えない、などと思うのは現実を見ていないからであり、それは赤ちゃんではなくお母さんやお父さんが取り入れている離乳法の目安にすぎない。赤ちゃん自身で食べるものや食べる量を決められる場合には、一定のパターンに自然にしたがうことはごくまれだ。だから「こうであるべき」と思い込まずに、赤ちゃんに任せたほうがいい。

BLW　わたしの場合

ふたりはまったく似てないの。ベンは食べることにすぐに興味を持ったわ。おむつの便から、あの子が離乳食を食べているんだとわかった。でも食べる能力がまだ十分じゃないのに、たくさん食べたがっているように見えた。だから、今のあの子に見合った量を食べているか、いつも確認しないといけないの。ベンは食べ物を押しつぶして口の中に入れるのをすごく楽しんでるわ。お姉ちゃんのモードよりもかなり汚し屋で、エンドウ豆みたいな小さなものはまだ全然つかめないの。モードのときとは大違い。あの子のときは食事の時間が科学の実験みたいだった。モードはとても器用だったから、すぐにいろいろなものをつかめたの。なめてみたり、いろいろ「実験」したりしたけど、1歳になるくらいまではあまり食べなかったわ。その頃まで授乳していたけど、量や回数にほとんど変化は見られなかった。でもベンときたら食べ物に夢中で、離乳を始めて3週間もすると母乳の量が減ってきたの——まったく予想外の展開よ。
——ロージー／モード（2歳）とベン（8か月）のお母さん

毎食一緒に食卓を囲み、授乳の回数を赤ちゃんに任せていたら、赤ちゃんはあなたが食事をするときはいつでも一緒に食べるように自然となっていく（そして欲しいだけおやつを食べるようになる）。けれどもそれはあなたが期待するほど早くは起こらないだろう。赤ちゃんは8か月までに1日3回の食事を取るようにするべきだという古いアドバイスを、BLWはよしとしない。8か月になるとほとんどの赤ちゃんは1日3回食べ物を手でつかんだり遊んだりするのに夢中になるかもしれない。しかしあまり食べない赤ちゃんが多く、朝食は授乳だけで十分で、それ以外のものは欲しがらない赤ちゃんも少なくない。つまり、赤ちゃんを急かしても意味はない。急かしたからといって赤ちゃんが早くたくさん食べるようになるわけではなく、かえって混乱し、いら立ってしまうのが関の山だろう。それよりも、食事の時間を楽しいものにし、赤ちゃんに任せてたくさん食べられる日が来るのを待つほうが賢明だ。

7か月から9か月のある時点で赤ちゃんは「中休み」に入ることがよくある。そのときだけを見れば、離乳は進んでいないように見える。けれども赤ちゃんが健康で、母乳やミルクをたっぷり飲み、家族の食事に仲間入りしている限りは心配することはないだろう。こうした中休みはたいてい短く、そのあとに食欲も食べる能力もいきなり増すのが普通だ。だから「中休み」を赤ちゃんが「いきなりコツをつかんでたくさん食べ始める直前の時期」と表現するお母さんやお父さんが多い。

中休みのあるなしに関係なく、ある時点になると赤ちゃんは食べ物で遊ぶことがなくなり、目的を持って食べ始める。これは8、9か月から1歳くらいまでのあいだに起こり、赤ちゃんが授乳をだんだん望まなくなる時期と一致する（必ずとは言えないが）。一番いいのは、赤ちゃんの食欲と能力に任せることだ。あなたがすべきことは、さまざまな食べ物で新しい能力を磨く機会を赤ちゃんに与え続け、まねをする相手（それはあなただ！）に必ずなってあげ、赤ちゃんが時間をかけられるようにすることだ。9か月か10か月くらいまでには、赤ちゃんはほかの家族と同じ多種多様な食べ物をかなりたくさん食べるようになっているだろう。そしてあなたは、離乳食の調理法について真剣に悩む必要がなくなっている（赤ちゃんはたいていのものは難なく食べられるようになっているから）。

ジェイクが1歳になる頃、食べ物について知る段階は終わり、食べるという目的のために実際に食べ始めたんだとわかりました。そこには遊びから摂食への明確な変化がありました――お腹を満たす必要があるかのように。

――ヴィッキー／ジェイク（3歳）のお母さん

チャレンジ好きな味蕾

BLWを始めたら、赤ちゃんがさまざまな味を試しているかをチェックしよう。味わった種類が多ければ多いほど、大きくなったときに新しい食べ物を試すのにこだわりがなくなる。離乳の最初の数週間に薄味の食べ物を深く考えずに与えるお母さんやお父さんが多いが、刺激のないものに制限する必要はない。どの赤ちゃんも子宮の中でさまざまな味になじんでいる。なぜならお母さんが食べたものの風味が残っている羊水を飲み込んでいるからだ。母乳で育てられている赤ちゃんは、お母さんの食事の内容に応じてさまざまな味の母乳を飲んでいる。とくにお母さんが濃い味のものをよく食べる場合は、初めての味がかなり濃くても赤ちゃんはよろこんで食べる。それどころか研究によれば、母乳の赤ちゃんは、母乳で慣れている味（たとえばニンニク）を受け入れるようにプログラムされているという――母親の食べたものは安全であると赤ちゃんに示す方法なのだろう。ところが、赤ちゃんの最初の離乳食はほぼ味のないものでなければならない、と思い込んでいる人が多い。また幼い子供は野菜と肉は食べないと信じられている食文化では、結果的に2歳くらいになるまで離乳食はお米のような穀物に限定されがちである。こうしたことはその必要がないというだけでなく、子供にとってはうんざりすることだろうし、栄養不足になる可能性もある。

わたしたちは最初からイザベラにいろいろな味のものを与えたわ――思いつくものは何でも。だから今ではほぼ何でも食べられる。おかげで旅行のときは大助かり――ザワークラウト、チリコンカルネ、ピリピリチキン［スパイシーなソースに漬け込んだチキンを炭火で焼いた料理］なんかの料理をいつも食べていたから。わたしのまわりにいる大人よりも味覚の幅がずっと広いの。

――ジェニファー／イザベラ（4歳）のお母さん

料理にハーブや香辛料、味に癖のある野菜を使うと豊かな風味になるだけでなく、家族の健康にも有益だろう。そうした食材や調味料の多くには健康にいいものや栄養が含まれているからだ。健康的な食品や香味料を幅広く使うことで、赤ちゃんに必須のビタミンやミネラルをすべて与えている可能性が高い。

手づかみ食べをする赤ちゃんは見慣れない食べ物でも試してみるので、人に食べさせてもらっている赤ちゃんよりも味に対して大胆である。なぜだろうか。食べ物をコントロールできる赤ちゃんは容易に食べ物を拒絶できる――だから大胆にもなれる。しかしピューレを与えられてきた赤ちゃんは、嫌いなものを吐き出すということに慣れていない。食べることに最初から消極的になっているのだ。次のアドバイスは覚えておくと役に立つだろう。

- 食べたいかどうかは必ず赤ちゃんに決めさせる。欲しくなさそうに見えたら無理強いしない。
- 赤ちゃんは口の前のほうで新しい食べ物を味わい、欲しくなかったらそれを吐き出す。だから赤ちゃんを叱りつけたり、食べ物を吐き出させないようにするのは厳禁。
- 食卓では赤ちゃんにあなたのまねをさせる。あなたがカレー粉やチリパウダーのような強烈な風味のものを満足そうに食べていたら、赤ちゃんは興味を持ち、ほぼ間違いなくそれを試したくなってしまうだろう。

・いつもは食べないようなものを試すチャンスを赤ちゃんに与える。そうすれば、赤ちゃんはさまざまな味を最大限に試せることになる。

ミルクだけで育った赤ちゃん、つまり生後6か月間ミルクの味しか知らない赤ちゃんは、初めのうちは新しい味に対して臆病だ。しかしこれがずっと続くわけではない。ほとんどの赤ちゃんは濃い味のものでさえ試したがる。

ピリッとした辛い食べ物を味見して気に入ったからなのか、もっと食べようとしてお母さんやお父さんを驚かせるBLWの赤ちゃんは多い。それが大人だけがたまに食べるような料理であっても――あるいは外食でしか食べないような料理であっても――赤ちゃんにもその料理が味わえるように食事に加えてあげよう（もちろん、辛すぎないというのが条件だ。赤ちゃんがカレー料理のヴィンダルーをすぐによろこぶとはとても思えない）。スパイシーな料理はたいていライスやパスタのような淡白な味のものと一緒に出てくるから、赤ちゃんが食べられそうなものもあるだろう。赤ちゃんには辛すぎるときのためにプレーンヨーグルトか水をそばに用意しておくといい。最初に味見をすることと、唐辛子を取り除くことを忘れずに。

どんなに慎重な赤ちゃんでも、さまざまな食べ物を試す機会や、ほかの人の食べ方のまねをする機会をたくさん与えてあげれば、時間がたつにつれて大胆になっていくだろう。だから赤ちゃんが食べたくないものがあっても、なだめすかして食べさせる必要はない。なかには匂いの強い食べ物もあるので、慣れるのに時間がかかるのかもしれない。

スパイシーなものを食べさせる

スパイシーなものをたくさん取り入れる食文化ではたいてい、離乳食は家族の料理をまろやかにしたものから始める。レンズ豆から作るシンプルだけれど濃厚なダール［引き割り豆を煮込んだ料理］はまさに離乳食向きだ。いろいろな種類の野菜を加えたり、スパイスの量を少しずつ増やしたり、スパイスの組み合わせを変えたりできる。またレンズ豆は栄養豊富で、タンパク質と鉄を大量に含む。ピタパン、チャパティ、トーストはダールに浸す食材になるし、ダールそれ自体も手づかみで食べることができる。ボウルの中でお米と混ぜることもできる。赤ちゃんが自分で食べられるようにスプーンにのせてあげてもよい。

ハリエットが9か月くらいのときに、わたしたちはカレーを食べに行ったの。あの子はそれまでにお米は食べたことがあったから、わたしのお皿からひとつかみ取ったわ――カレーが少しかかっていたところを。問題は、カレーがものすごく辛かったってこと。わたしでも辛すぎたくらいだから。わたしが止めようとしたときには、あの子はもう口の中に詰め込んでいた。泣き出すかと思ったら、ちょっと考え込んでから飲み込むと、手を伸ばしてもっと欲しがったのよ。

――ジェン／ハリエット（2歳）のお母さん

舌ざわりについて学ぶ

赤ちゃんにさまざまな味の食べ物を与えるのはもちろんのこと、さまざまな舌ざわりを経験させることも大事だ。いろいろな舌ざわり（どろっとした、サクサクした、バリバリした、ふにゃふにゃしたなど）は、変化に富んだ食事をしていれば出会うものなのだから、赤ちゃんに与えるものを簡単に食べられるようなものだけに限定する必要はない。ひと通りの舌ざわりを試すことで、赤ちゃんは重要な能力（食べることや喉につまらせないこと、口腔衛生や会話に関係する能力）を発達させることができる。また食べ物によって硬さが異なることを発見しておもしろがるだろう。

食器を使えるようになる前から、赤ちゃんは驚くほど独創的なやり方でさまざまな舌ざわりの食べ物を口に入れようとする。食べるものを何でも頭からかぶってしまうこともある。パスタをずるずると吸いこんだり、お米や挽き肉料理をがつがつ食べたり、鶏肉の骨をしゃぶったり、皿の上のものを手を使わず直接食べようとしたり、お皿をきれいになめたり、エンドウ豆をひとつずつつまんだりもする。どんな食べ物が出てきても、赤ちゃんはその攻略法を見つけ出す。

舌ざわりは、硬いかやわらかいかだけではない。その中間の舌ざわりは山ほどあり、微妙な違いがある。たとえば次のようなものだ。

・焼いた野菜は、外側がパリパリして内側がやわらかい。調理する時間によって、歯ごたえがよくなったり、どろどろになったりする野菜もある。

・トーストした食パンの皮は硬くてぱさぱさしているが、生のキュウリは硬いが水分が多い。

・ナシはどの程度熟しているかによって、硬いものもあればやわらかいものもある（そしてとてもみずみずしい！）。

・ウエハースのような食べ物は噛むとサクサクしているが、舌にのせたとたんやわらかくなる。

・バナナはかじったときは硬いが、噛んでいくうちにやわらかくなる。マッシュポテトはひと口噛んでも、噛み続けてもやわらかい。

・チェダーチーズは硬いので長いことしゃぶっていられる。エダムチーズはゴムを噛んでいるようだ。フェタチーズとチェシャーチーズ（イギリス産チェダーチーズ）はすぐにぼろぼろになる。

・肉は弾力があるが、魚はやわらかくてばらばらになる。

・マッシュポテトはぱさぱさして粉がふいていて、やわらかくて粘りがある——あるいはどろどろしている。

・チキンドラムスティックは肉の舌ざわりと骨の硬さの両方を味わえる（そして骨から肉をどうやってはぎ取るかを考えのは楽しいし、やりがいがある）。

・ナッツバターやソフトチーズはべとべとしているので、赤ちゃんが舌を使って口の中で動かす方法を発見するまでは、薄く塗ったほうがいい。

赤ちゃんがさまざまな舌ざわりに独創的な反応をするのを見てたいていのお母さんやお父さんは

おもしろがるが、どろっとした食べ物を自分で食べることまでは許さない――あたり一面汚れるのを恐れてのことだろう。しかし半流動体の食べ物のほとんどは、赤ちゃんが食べやすいように工夫することが可能だ（１５４ページ参照）。赤ちゃんにとって重要なのは、あらゆる種類の舌ざわりを味わうことである――あたり一面汚れようがおかまいなしだ。

バリバリ音がする食べ物は楽しい

噛むとバリバリ音がするものを食べると特別なよろこびが得られる――それを示唆する研究がある。最初のひとかじりでいきなり大きな音が生じ、それが脳内の快楽に関係する受容体を刺激するようだ。ピューレだけを与えられている赤ちゃんは、快楽（ＢＬＷの赤ちゃんならこの先ずっと食事から連想しそうだ）の重要な供給源を逃していることになる。

8か月半くらいになったとき、ナレーシュはわたしのお皿から初めてお米を取り、最初はひとつかみ、やがてひと粒ずつつまんでとても慎重に自分の口の中に入れていきました。そのときまで、あの子に野菜スティック以外のものをあげるなんて考えてもいませんでした。ナレーシュはいろいろな食べ物をとても上手に食べられるので、毎回驚かされています。

――ラシミ／ナレーシュ（10か月）のお母さん

BLWを成功させる秘訣は、赤ちゃんの視点で考えること、大人が食べるときのルールを忘れることである。家族全員がどろっとしたものを食べていたら、赤ちゃんにも少し与えて、今のところはテーブルマナーについて考えないようにする――赤ちゃんだって、最後にはきれいに食べられるようになるのだから。とにかくまずは赤ちゃんなりのやり方で食べさせることだ。散らかすことに関しては、まあ、それを防ぐ方法はないが、あらかじめ準備しておけば片づけはさほど苦ではない（110～114ページ参照）。毎日赤ちゃんにどろどろした食べ物を与える必要はないし、散らかしながら食べるこの段階は長くは続かない。赤ちゃんが大きくなったら、ヨーグルトを顔じゅうにつけた愛らしい姿が懐かしく思われることだろう――間違いない！

不快な気分と結びつくような食べ物に赤ちゃんが（幼児も）恐怖心を抱くのはよくあることだ。散らかしそうな食べ物との最初の経験がストレスの多いものになってしまうと、のちのち問題を引き起こすことになる。だから食事の時間を楽しくするために、散らかしても叱らず、片づけが大変なことを教えるのもやめよう。

豪勢な食事と飢饉並みの食事

家族と一緒に食べるようになって数か月がたち、食べ物で空腹がおさまることを赤ちゃんが知るにつれて、食べる量にある一定のパターンができあがることをあなたは期待するようになる。だが赤ちゃんの食べる量が日によってまちまちであることにおそらくあなたは驚くだろう――ある日は豪勢、次の日は飢饉かと思うほどのギャップに。あまり食べずに数日過ごしたかと思うと、いきなりスイッチが入って目に入るものすべてを食べる赤ちゃん。しかし栄養豊富な食べ物を与えているのであれば、そして赤ちゃんの食欲と本能を信用しているのであれば、何を、いつ必要とするのかを、あなたはわかるようになるだろう。まだ母乳やミルクをたっぷり飲んでいれば、お腹がすくことはないだろう。

さて、赤ちゃんは特定の理由で離乳食への関心を数日間失うことがある。たとえば、次のようなものだ。

・歯が生え始めた——離乳食を食べると痛いということも考えられる。代わりに母乳やミルクで慰めてあげる必要があるかもしれない（母乳は歯の生え始めの痛みを和らげるのにとくにいい）。
・風邪やほかの感染症——食べ物の消化にはエネルギーがかなり必要なので、食べないことで赤ちゃんは全エネルギーを感染症との闘いに使える。風邪が治ればすべては元通りになるはずだ。
・それ以外の病気——食欲がない、顔色が悪い、だるそう、泣きやまないなどの兆候があれば、赤ちゃんが病気かもしれないので医師に診てもらう。
・情緒的な問題——生活の変化（弟や妹ができた、お母さんやお父さんが職場復帰した、新しい保育園に通いはじめた、ベビーシッターやチャイルドマインダーが新しい人に代わった、引っ越しをした、旅行に行ったなど）によって、赤ちゃんの食欲は一時的に影響を受けることがある。

赤ちゃんをなだめたり無理強いしたりして食べさせようとするのはお勧めできない。そんなことをすれば赤ちゃんは混乱して動揺するだけだろうし、食べ物に対して不満だらけな態度を取るようになるかもしれない。覚えておいてほしいのは、乳幼児が意図的に自分を飢えさせるようなことはしないということだ。栄養のある食べ物が手近にあれば、必要に応じて赤ちゃんは必ず食べるだろうし、数日間食べなかったとしても、必要になればその数日分を取り戻すほどたくさん食べるだろう。

食べることに関して言えば、ロバートは典型的な子供だってこと。3日間何も食べなくても次の3日間でたくさん食べるから。わたしもまったく同じだったみたい。母がいつも言ってたわ。「心配なんかしてなかった。だって数日したら馬みたいに食べるのはわかっていたから」
——キャス／ユアン（3歳）とロバート（1歳6か月）のお母さん

食べる量——赤ちゃんを信用する

多くのお母さんやお父さんにとってＢＬＷで一番むずかしいのは、赤ちゃんを信用して必要な分だけを食べさせることだ。ＢＬＷの赤ちゃんの食べる量はいつまでたってもとても少ないように思える——目的を持って食べ始めたときでさえそうだ。それに、赤ちゃんが自分のしていることをちゃんとわかっているとは、なかなか思えないものだ。

ミルクを与えてきたお母さんやお父さんは授乳をコントロールするのに慣れているだろうし、量についてはミルクメーカーの目安か、医療従事者のアドバイスにしたがってきただろう。またミルクで育った赤ちゃんは授乳のたびにほぼ同量のミルクを飲む傾向にある。したがってミルクを与えてきたお母さんやお父さんは、赤ちゃんが食べる量と食べる回数を自分でわかっているとはなかなか信じられないだろう。

一方、母乳を与えてきたお母さんやお父さんは、授乳量についてはすでに赤ちゃんを信用してきたにもかかわらず、赤ちゃんが「正しい」量を食べているとは信じられないようだ。けれども赤ちゃんは、自分の食欲と食べ物の必要性についてはよくわかっている。あまり食べていないのではないかと心配なら、次のことを覚えておくといいだろう。

- 「食べるべき量」についての考えは、「まるまる太った赤ちゃんは健康な赤ちゃんである」という古い信仰に基づいている。
- ピューレは普通は水や牛乳と混ぜ合わせるので、実際の量よりもずっと多く見える。だがBLWで手づかみ食べをするのはすべて固形物である。
- 同じ月齢、体重、活発さの赤ちゃんでも、新陳代謝はそれぞれ異なる。だから食べる量もひとりひとり違ってくる（かすみを食べて生きているのではないかと思えるが健康そのもの——確かにそういう大人はいるものだ）。
- 赤ちゃんのお腹は小さいので（赤ちゃんのこぶしくらいの大きさ）、少しずつ数回に分けて食べる必要がある。毎食、大量に食べることはできない。
・離乳食は授乳を補完するものであって、代替物ではない。離乳開始の数か月間、母乳やミルクはまだ赤ちゃんの主要な栄養源であり、少なくとも1歳になるまでは食生活のもっとも重要な部分を占めている。

食事のことが話題になると、わたしの両親は「キーラにちゃんと食べさせているの?」って聞くの。でもそれは食べさせているかどうかについて聞いているんじゃないのよね。食べる量について聞いているのよ。キーラは自分で食べられるから、お腹をすかせることはないわ。お腹がすいて食べ物があれば自分で食べるでしょうから。

——ジェニー/キーラ(2歳)のお母さん

要するに、赤ちゃんが食べる量についてあなたがおだやかな気分でいられるように、与え方を変えればいいのだ。たとえば、食べ物を少し与えて赤ちゃんがもっと欲しがれば、あなたはうれしいだろう。逆に山ほど与えて赤ちゃんが食べ切れなかったら、がっかりするだろう。しかしどちらの与え方でも赤ちゃんはまったく同じ量——必要な量——を食べる可能性が高い!

一般に赤ちゃんが普通にうんちとおしっこをして、健康にすくすく育っていれば、十分に食べていると自信を持っていい。

BLW　わたしの場合

ミアが3、4か月になると、離乳食を食べさせたほうがいいっておじいちゃんやおばあちゃんが一斉に言い出しました。でもミアは離乳食に関心がなかったから、わたしはすごくプレッシャーを感じてしまって……。6か月のときに食べ物を与えてみたけど、ミアはそれで遊んだだけで口まで持っていきませんでした。妊娠中に親しくなった友人たちと外出したときのことは忘れられません。ミア以外の赤ちゃんは全員、料理やプリンをスプーンで与えられて、最後は小さなビスケットまで食べたんです。でもミアは何も食べなかった。わたしは母乳を飲ませただけ。この子は食べる気があるのかしらって心配になりました。

あの頃はあまり自信がなくて……。ミアは食べ物で遊んでいるだけで、実は食べていないいんじゃないかって不安だったけど、とにかく毎食何かを与え続けたら少しずつ食べるようになりました――食べ物の9割は床に落ちてしまったけど。8か月くらいまでは、あまり食べていないんだろうなって思ってました。あの子は自分で食べられるんだって信じるのにしばらく時間がかかりました。ミアが幸せで、すくすく育って、自分で食べる機会があれば、お腹をすかせることはないって頭ではわかっていたんですが、自信がなくて……。

もう悩んだりしていません。ミアは数日間はたくさん食べるけど、次の2日間はあまり食べないかもしれない。でも今は食べることを楽しんでいます。普通の赤ちゃんが試すチャンスすらないようなもの――オリーブやチョリソーやスパイシーなものも食べます。幅広い味覚をすでに持っているなんて、本当にすごい！　たいていの人は驚きます。夫の両親はイタリア人なんですけど、わたしたちが始めた離乳食のやり方をかなり怪しんでいました——みんなで外食するときまでは。ミアは11か月のときにパスタを平らげたんです！
——ジョアンナ／ミア（1歳5か月）のお母さん

お腹いっぱいのサイン

まだしゃべれない赤ちゃんは「お腹いっぱい。ごちそうさま」とお母さんやお父さんに伝えることはできないが、ＢＬＷを数か月続けている赤ちゃんなら、ある特定の食べ物はもういらないとか、食事は終わったなどのサインを送ることができる。たとえば、食べ物をひとつひとつつまみ上げてはハイチェアの端から落としたり、トレイにのったものをすべて払い落としたりして伝えるかもしれない。もっと微妙なサインを送る赤ちゃんもいる。頭を振ったり、食べ物をお母さんやお父さんに手渡したりするのがそうだ。また、赤ちゃんが必要なことを伝えられるように「手まね言語」を教えるお母さんやお父さんもいる。いずれにしろ、赤ちゃんが伝えたいメッセージはわかるようになる。

とはいえ、ＢＬＷの最初の数週間にお腹いっぱいのサインを見極めるのはとてもむずかしい。赤ちゃんは何の意図もなく、食べ物を投げたり落としたりするからだ。幸いなことに、この段階ではまだ食事は食べるための時間ではない。味を知ったり、試したりするための時間だ。必要なものを食べているだろうかと心配する必要はない。

赤ちゃんがちゃんと食べていることを確かめるコツは、もっと与えることだ。違う食べ物やあなたのお皿の食べ物を――たとえ赤ちゃんと同じであっても――与えることだ。そうすれば、赤ちゃんは欲しくなければそれを拒絶することができる――あなたをがっかりさせることなく。このやり方のほうが、赤ちゃんのお皿やトレイが空だからしっかり食べたはず――なんて思い込むよりもはるかに信頼できる。だが何度もしないほうがいい。赤ちゃんが欲しくないと伝えようとしているものを与え続けると、赤ちゃんはイライラして機嫌が悪くなるだろう。思いが伝わらないのだから。

フィンは腕を伸ばして、トレイの上のものを車のワイパーみたいに払いのけたわ。そうやってお腹がいっぱいになったことをわたしたちに伝えたのよ！　とても効果的でわかりやすいサインだったわ。お皿とかボウルで与えていたんだけど、フィンはワイパー方式をだんだんやらなくなって、代わりにわたしが「お皿にもう少しのせる？」って聞くようになったの。これはゲームみたいでたいていうまくいくんだけど、たまにフィンが飽きると、お皿がみんな目の前から消えるわ！

――メア／フィン（11か月）のお母さん

BLW　わたしの場合

ぼくはマデリンが次に何をつかもうか選んでいるようすを見て、心から楽しんでいるんです。あれは、自分でものをつかむときの明確な動作なんです。ぼくたちは最初の子のノアにはスプーンで与えましたが、どろどろしたものを食べさせていた時期は本当にまいりました。口をかたく結ばれてしまい、まったくいやになりましたよ。離乳食を1回食べさせるよりもおむつを3回取り替えるほうがましだと思ったくらいです。

マデリンのときはまったく違いました。あの子は本当に楽しそうに自分で食べ物をつかむから、「あー、お腹がすいているんだな」ってわかります。すぐに何でも噛んで、飲み込むんです。それからだんだん食べるペースが落ちて、やがて食べ物で遊ぶようになり、最後はハイチェアの端から落とすんです。「食事は終わり。お腹いっぱい」というはっきりした意思表示です。

――ニック／ノア（4歳）とマデリン（8か月）のお父さん

偏食

乳幼児の食べる量への不安に密接に関係しているのが、食べるものへの心配だ。乳幼児は、数日間続けてある特定の食べ物だけをほしがる「偏食」の段階を迎える。BLWの赤ちゃんがいきなりバナナだけを食べたがったらとまどってしまうだろうが、こうした偏食は自然な行動のようである。

ただしお母さんやお父さんと意地の張り合いをしている子供に見られる偏食騒ぎ（自分の主張を通すために食べ物を利用する）と混同しないように。

乳幼児はどの食べ物が自分たちに必要な栄養を与えてくれるのかを本能的に知っているようだ。また多くのお母さんやお父さんは、食べ物の好き嫌いは赤ちゃんの全般的な発達や健康と一致することに気がついている。たとえば急速に成長しているときや活発に行動しているときはタンパク質や糖質を欲しがり、病気の快復期には果物や母乳のようなものを欲しがる。アレルギーや食物不耐性（非アレルギー性食物過敏症）の食べ物かどうかを特定できるように見える赤ちゃんもいる。赤ちゃんがこのようにさまざまな行動を取るのが文字どおり生存本能ゆえだとすれば、食べたくないものを強制されて激しく抵抗するのも当然の本能ではないか！

赤ちゃんが数日間ひとつの食べ物（または狭い範囲の食品群）ばかりを食べたがり、やがていきなり見向きもしなくなるのは自然なことのようだ。たいていの食べ物には数種類（1種類ではない）の栄養素が含まれていて、必ず毎日食べなければならない栄養素はごくわずかだ。赤ちゃんがすぐに栄養不足になる可能性は低い。

BLWの赤ちゃんも毎食まず何を食べるかを決めることで、特定の食べ物への好み（と恐らくは不足）を示している。寒い季節には脂肪が豊富な食べ物を赤ちゃんが最初に選び取ることに気づいたお母さんやお父さんがいた（脂肪はカロリーの供給源であり、体が体温を保つ必要があるときに急激に消費される）。なかにはまず肉類や濃い緑色の野菜を食べる赤ちゃんもいる。もしかしたら余分に鉄が必要な季節なのかもしれない。

バターに子供たちの指の跡を見つけると、「あー、寒くなってきたんだ」といつも思ったわ。
――メアリ／ふたりの子供のお母さんで、3人の孫のおばあちゃん

シャーロットはある種のウィルスのせいで病気になって、タンパク質のものしか食べられなかったことがあった――変でしょ。2歳半くらいで旅行に行ったときには、糖質しか食べられなかったんだけど、2週間で約3センチも伸びたのよ。あれはすごかった。私は、子供は必要なものを食べて自分の要求を満たしているって心から信じてるわ。
――バーバラ／シャーロット（6歳）とデイヴィッド（2歳）のお母さん

赤ちゃんが特定の食べ物を食べたくなり、その欲求にしたがおうとしていたら、赤ちゃんの本能を信じてそうさせるべきだ。食べ物について自分で決めさせることで、子供は偏食騒ぎを起こさなくなる。なぜなら、将来自分から食べ物の幅をせばめるような行動を取りがちになるのは、食べることをコントロールできなかったと感じる子供だと一般的に言えるからだ。

偏食は予測できない。昨日はマンゴーだけを欲しがったのだから今日もマンゴー以外を与えても無駄だろうなどと決めつけないことだ。まだしゃべれない赤ちゃんは欲しいものを口で伝えることができない。その代わり、与えられた食べ物のなかから何点かを選ぶことで（または拒絶することで）自分の意思を伝える。

赤ちゃんがある食べ物に夢中になるのと正反対に、特定の食べ物を――以前は好きだったもので

も――「食べられなくなる」ことがある。その場合、この食べ物はしばらくのあいだ拒絶されるかもしれないと考えるのはよいとしても、これからは食事に加えないほうがいいのでは、とまで悩む必要はない。それが普通の家庭料理の食材なら、出し続ければいい（無理強いをせずに）。あなたが食べているのを見るなどして、もう一度試すチャンスがあれば、赤ちゃんの気が変わる可能性は十分にある。けれども食卓に出さないことには、赤ちゃんがもう一度試そうと思っているかどうかを知ることは不可能だ。

赤ちゃんの偏食が始まったら、まずはリラックスしよう――それがどんなに極端に見えようとも、どんなに長く続こうとも。「言うは易《やす》く行うは難《かた》し」だが、たとえば赤ちゃんがブルーベリー以外のものをはっきり拒絶することに自分がいら立っているのに気づいたら、代わりに何を与えたらいいかを考えてみよう。食事中のバトルの大部分は、子供が食べるのを拒絶することから始まるのではなく、お母さんやお父さんがしつこく食べさせようとすることから始まる！ そして親側が勝つことはめったになく、幸せな親子関係が犠牲になるだけである。子供と意地の張り合いをしても無駄だ。成り行きに任せてみれば、その偏食が続くのはせいぜい数週間ということが多い。

ジェーコブは、朝食はバナナを1本だけというバナナ期に入った。それが約2週間続いたけど、ある日バナナをもう欲しがらなくなった。なるほどそういうことか。これからはバナナをほんの少し食べることはあっても、これまでみたいな食べ方はしないだろう。

――スティーブ／ジェーコブ（8か月）のお父さん

母乳やミルクを飲みたがる

赤ちゃんは生後1年間で一生のどの時期よりも成長するので、栄養豊富でカロリーの高い母乳やミルクを必要とする。離乳食には――それがどんな離乳食であっても――母乳やミルクほどの濃縮された栄養は含まれていない。だから赤ちゃんが最初のひと口を食べてから数か月もたつのに、母乳やミルクから離乳食に代えたいというサインを示さなくても、驚く必要はない。

これまで見てきたように、離乳食を始めた頃に赤ちゃんが実際にしていることは、さまざまな味や舌ざわりを発見し、新しい食べ物を消化できるように体を少しずつ調整することである。やがて食事の時間に離乳食をたくさん食べるようになり、母乳やミルクを欲しがらなくなるが、こうしたことがいつ起きるかは赤ちゃんひとりひとりによってかなり異なる。

授乳量をどのように徐々に減らしていくかについては、母乳かミルクのどちらで育ててきたかによって違ってくるだろう。もし完全母乳で育てていたら、毎日の授乳回数に変化があったとしても気づかないかもしれない（授乳時間は短くなっているかもしれないが）。もしミルクで育てていたら、1歳になる頃には1日に1回か2回の授乳だけで済みそうだ。もし混合で育てていたら、ミルクをやめて母乳を続けたほうがいいだろう。そうすれば、母乳特有の健康上のメリットを長く得ることができる。

赤ちゃんを母乳、ミルク、混合のどの方法で育てていようとも、初めのうちは授乳と離乳食をまったく別物として切り離して考えるのが賢明だ。赤ちゃんはお腹がすけば母乳やミルクを欲しがる（かつ必要とする）。母乳やミルク以外のものでお腹がいっぱいになるとは赤ちゃんは思ってもいないので、本当に欲しいものが母乳やミルクのときにハイチェアに座らされ、遊び道具のような食べ物を与えられても少しもうれしくないだろう。授乳と離乳食を切り離して考えれば、赤ちゃんが授乳を必要としなくなるにつれてその回数や量が減るのは自然なことだとわかるだろう。

赤ちゃんが食事のたびにたくさん食べるようになると、次の授乳時間がいつもよりもやや遅くなるか、飲む量が減る。赤ちゃんがさらに多く食べるようになり、食事中に水（または軽く母乳）を飲むようになれば、メインの授乳を省略するようになってくる。あなたが赤ちゃんの「声」に耳を傾け（欲しければ赤ちゃんはいつものようにねだるだろう。欲しくなければおっぱいや哺乳びんをあてがってもそっぽを向くだろう）、欲しがる分だけの母乳やミルクを与えるようにすれば、あなたは赤ちゃんの食欲を信用してよいと思えるようになるだろう。あなたが何をすべきかは、すべて赤ちゃんが教えてくれる。

ルークはたぶん1回は――2回ではないけど――飲み忘れているでしょうね。でも離乳食を始めた頃はよく母乳を欲しがったわ。だから「前よりも今のほうが欲しいのね」って言ったのを覚えてる。でもそれは離乳開始後に迎えるひとつの段階なんでしょうね。授乳って、ほかのことに――赤ちゃんが疲れていたり、歯が生えかかっていたり、具合が悪かったりすると、すごく左右されるのよ。ルークは疲れていると、夕食を食べてからおっぱいに直行することがよくあるわ。

——アンナ／ルーク（8か月）のお母さん

赤ちゃんが何らかの理由で授乳の回数や量が減ったとしても、どうとでもなる。また、赤ちゃんが離乳食に興味を持たない日もあれば、あなたが——理由はなんであれ——いつものように料理をたくさん並べられない日もある。あるいは赤ちゃんの体調がよくないとか、歯が生え始めたとか、授乳で安心したいとか、そんな日もあるかもしれない。そういった日には母乳やミルクを飲みたいだろうから、離乳食は食べないだろう。そんなときは、ミルクで育てていれば分量を増やせばいいだけだし、母乳なら欲しがるたびに与えれば、お母さんの体は刺激を受けて母乳がたくさん出るようになるだろう——たとえ母乳の量が減り始めていたとしてもだ。

授乳の変化にあまり気づかなかったわ。母乳より離乳食を優先していて、オースティン自身が食べ物から得るカロリーの量を少しずつ増やしているように見えたから。それにオースティンは大柄だったし。母乳と離乳食が関係しているなんて知らなかった。

——ブライアニ／オースティン（1歳10か月）のお母さん

離乳を始めた頃は、ミルクの量を変えずに与え続けていたわ。長いこと変化はなくて、わたしたちはミルクも離乳食も与えていた。でもクロエが9か月くらいになったある日、あの子がおやつの時間のミルクをねだり忘れたの――でもわたしはそのことをクロエに気づかせなかった。飲みそこねたようには見えなかったから。それからはおやつの時間に飲まなくなったの。本当にびっくりしたわ――だってミルクで育てていたから、量を増やさないといけないって思ってたの。

――ヘレン／クロエ（1歳3か月）のお母さん

1日3食？

赤ちゃんが授乳量や回数を減らすようになると、食事と食事のあいだにお腹がすくかもしれない。人間の赤ちゃんは生まれつき「草食動物」である。つまり、もともと少しずつ何度も食べる。自ら訓練して大量の食べ物を少ない回数で摂取するようになるのは、大きくなってからだ（これがいいか悪いかは議論の余地があるが）。赤ちゃんの胃は小さすぎて1日3食だけに限定することができない――授乳の量や回数が減った場合はとくにそうだ。たいていの赤ちゃんは一度にたくさん食べられるほど胃が大きくない。日中4、5時間も食べ物なしでやっていくことはむずかしい。

だから、赤ちゃんが離乳食を実際に始め、授乳量や回数が減っていくと、健康的なおやつが必要になる。このことは、赤ちゃんが栄養のあるものを少しずつ何回にも分けて食べられるようになり、家族が顔を合わせる「正式な」食事で少ししか食べなくても心配しなくて済むという利点も生じさせる。また、さまざまなものを与える機会が増えることで、赤ちゃんの欲しいものがさらによくわかってくるようにもなる。だが赤ちゃんが母乳やミルクを欲しがっているのに、無理にスナックを与えるようなことをしてはいけない。

いつどこで食べることになろうが、どんなに大量に食べようが、1歳6か月未満の赤ちゃんの食事とおやつの区別をする必要はない。どちらも栄養豊富で、主要食品のものを毎日食べられるようになっていればいい（219〜222ページ参照）。幼児には、数年間にわたり1日6回以上、おやつや食事として食べ物を与えるべきである。栄養のあるおやつをひんぱんに与えることが、スイーツやジャンクフードから子供を遠ざける最善の方法である。もし赤ちゃんがおやつをはねつけたら、食事のときと同じように、欲しくないことをあなたに伝えているにすぎない——そのことを忘れずに。

おやつとして市販されている食品の多くは、健康に良くない。成人や年長の子供は食間にお腹がすくとポテトチップス、板チョコ、炭酸飲料のようなものに手を伸ばすが、それらは誰にとっても、赤ちゃん、子供、成人にとっても体に悪い。添加物はもちろんのこと、食塩と砂糖の両方またはどちらかが大量に含まれている。短時間エネルギーは満たされるものの栄養はほとんどない。甘いものはあらゆる年齢の人の歯にも悪い——歯が生える前の赤ちゃんでもそうだ。

加工度の高いスナック菓子は実際の栄養価が不足していることが多い。子供がひどくお腹をすかせているときか、ほかの食べ物がどうしても手に入らないとき以外は与えないこと。外出するときはいつもバナナや薄味のライスケーキのようなおやつを持っていけば、前述のようなことにはならないだろう（健康的な軽食については160〜161ページ参照）。栄養価の低い食べ物を赤ちゃんに食べさせるときは、最小限の量にする。そうすれば、次の食事が食べられないほどお腹がいっぱいになることはない。

安全におやつを食べさせる

安全面については、おやつも食事とまったく同じように扱うべきである。赤ちゃんが食べているときや食べ物を手でつかんでいるときは、まっすぐ座っていること（必要なら支えてあげる）、大人がずっとそばにいることを確認する。揺れることもあるので、ベビーカーに乗っているときは食べさせない。また、たとえばテレビを観ていると気が散るので、おやつ（や食事）は与えない。

食事の時間に与える食べ物の多くはおやつと同じ働きをする。赤ちゃんのおやつをすべてちょっとした食事と考えれば、1日のどの時間に与えようとも、栄養のあるおやつをあなたは選ぶようになるだろう。おやつは赤ちゃんを幸せにする。問題は、栄養のないおやつである。

うんち

離乳を始めてから気づく最大の変化は、赤ちゃんのうんちだ。母乳で育てられている赤ちゃんのうんちはやわらかくてどろっとした黄色いうんちで、あまり臭わない（「いい香り、と言えなくもない」と話すお母さんやお父さんもいる）。生後1か月くらいは母乳の赤ちゃんは1日に数回うんちをするが、4週間から6週間くらいになると数日に1回しかしなくなる。3週間もうんちが出なかった赤ちゃんもいた。しかし元気であるならば、うんちの間隔が長くてもまったく正常であり、便秘ではない。

ミルクで育てられている赤ちゃんはやや黒っぽい、形のあるうんちをし、母乳の赤ちゃんのうんちよりも少しきつい臭いがする。ミルクの赤ちゃんは便秘になることがあるので、とくに暑い日には水を余分に与えるようにアドバイスされる。

うんちを出すために力む

うんちはやわらかいのに、出すときに力んでいるように見える赤ちゃんがいる。その理由ははっきりしていないが、赤ちゃんが食べたものや食べ方とは無関係のようだ。一説によれば、赤ちゃんが排便のプロセスを実際にコントロールできると知ったときから力みが始まるそうだ。また、赤ちゃんは力むことで何らかの楽しみまで得ているのかもしれないという。

BLWの赤ちゃんが実際にものを食べたことを示す最初のサインは、うんちの中の食べ物の「かけら」だろう（母乳の赤ちゃんのやわらかなうんちだと、もっとはっきりする）。その日早くか前日の食べ物を発見できるかもしれない（あなたが予想していたものとまったく違うこともある。バナナは虫のような黒いすじに見える！）。これは赤ちゃんがその食べ物を消化できていないということではない。赤ちゃんの体がその食べ物に慣れて分解に必要な酵素を作り出していることを示しているにすぎない。うんちの中のかけらは、赤ちゃんが飲み込む前にしっかり噛むことを覚えるにつれて見分けにくくなる。

徐々に赤ちゃんのうんちは固まりだし、黒っぽくなるが、あまり硬くはないはずだ。いつまでたっても硬いうんちや、いつもと違って液状のうんちのときは――吐いたり、熱が高かったりするような症状が出ていればなおさら――必ず医師に診てもらうべきだ。離乳食を始めたときに赤ちゃんのうんちに現れるもっとも顕著な変化は、臭いだ！　まだ母乳やミルクだけのうんちしか知らないお母さんやお父さんがこの臭いを初めてかぐと「あれっ」と思うかもしれないが、まったく問題ない。また、赤ちゃんは前よりもおならをややひんぱんにするようになる――というよりも、臭うようになったから気づくようになっただけのことかもしれない！

うんちが変化し始めると、お尻が少しひりひりしだす赤ちゃんがいる。よく注意して、うんちでいっぱいになったらすぐにおむつを替えてあげよう。

キャメロンのうんちがいきなり変わったの。離乳を始めて5週目か6週目のことよ。本当に誇らしかった――あの子の最初の本物のうんちですもの。前は1週間に2回のうんちだったけど、今は毎日。あれからずっとそうよ――わたしたちが思っている以上に食べているんだわ。

——ソフィー／キャメロン（8か月）のお母さん

アランナは6か月半あたりから食べ物を口に入れるようになったけど、ずっととくに変化なし。9か月か10か月までは、口に入ったものは何でもそのまま出てくるように思えた。母乳の液状のうんちの中にニンジンや赤パプリカのちっちゃなかけらが見えたから。本当にもりもり食べ始めたら、だんだんうんちが固まってきたわ。

——モニカ／アランナ（1歳3か月）のお母さん

カップを使い始める

家族と一緒に食べるようになるとすぐに、赤ちゃんはカップから飲むことに興味を持つようになる。カップが喉の渇きをいやすために使うものとわかっていなくても、赤ちゃんに食べ物と一緒に水を与え始めるのはよいことだ。

トレーニングカップ、つまり吸い口の付いた「シッピーカップ」は、こぼれる危険がないので外出時にはとても便利だが、家にいるときは赤ちゃん用の陶器のカップやプラスチックのカップで練習させよう。早く使い方を覚えられる。歯にとっても口腔の発達にとってもいいだろう。

赤ちゃんが最初に学ばなければならないこと——それはカップの傾け方だ。飲めるほど十分に、しかしこぼれてしまわない程度の傾きだ。傾きのあるカップは赤ちゃんが傾け方を学べるようにデザインされているので、普通のカップよりも少し傾けるだけで飲めるし、カップの中身や傾けているときに何が起きているのかをはっきりと見ることができる。とはいえ、必ずしも普通のカップより扱いやすいわけではない。ではどんなカップなら扱いやすいのだろうか。

もっとも考慮すべきはカップの幅だ。あなたが使っているカップよりも小さなものを選ぼう（ショットグラスかエスプレッソカップくらいの大きさ）。赤ちゃんに広口のカップ（まっすぐでも傾きのあるものでも）を与えるということは、大人にバケツから飲めと言うのに等しい。液体の大部分は赤ちゃんの喉の両側にこぼれ落ちてしまう。

赤ちゃんは半分しか入っていないカップより、たっぷり入ったカップのほうがうまく扱える——あまり傾ける必要がないからだ。少量の水でいっぱいになる小さなカップを選べば、こぼれたとしても拭き取る量が少なくてすむ！

赤ちゃんは手でさわったり、実験したりして学ぶ。そうした行動そのものを禁じられると、カップを傾けると何が起こるのかを予想することができないし、テーブルに水をこぼしたら一大事であることもわからないだろう。キッチンの流しやお風呂場で水をこぼす遊びが十分にできれば、カップはどんな仕組みになっているのかを赤ちゃんは知ることができるし、テーブルで実験する必要もなくなる。

食べ物と飲み物で実験する

赤ちゃんはカップから何が出てくるかはもちろんのこと、カップに何が入れられるのかを調べて楽しむかもしれない。カップの中でどんな食べ物が浮いて、どんな食べ物が沈むのかを知って夢中になるかもしれない。大人は芽キャベツの味がする飲み物を好まないだろうが、赤ちゃんは気にしない。そうしたものが喉に詰まらないように、赤ちゃんが飲む前にカップから小さな食べ物を取り除いておこう。

食器を使い始める

子供が上手に手づかみ食べをできるようになったら、あなたは「今はこれでいいけど、将来食器を使えるようになるのかしら」と心配しだすかもしれない。心配ご無用。子供はいつまでも指でつまんで食べるわけではない。幼児はまわりにいる人のまねをしたくてうずうずしている。必ずナイフとフォークを使いたくなるだろう――あなたがいつも手で食べていない限り。子供が一応食べられるようになったら、席を用意して食器を並べてあげよう。その場合、子供用サイズのものを用意すること。赤ちゃんに大人用の食器を使わせるということは、大人にサラダサーバーで食べてくれと言うようなものだ！

離乳食のときと同じように、赤ちゃんにあまり多くを期待しないことが肝心だ。初めのうち、赤ちゃんは食器を遊びやまねをする道具ととらえ、食べ物を口の中に入れるための道具とは考えていない。赤ちゃんにしてみれば、指のほうがはるかに使い勝手がいい。赤ちゃんは、「フォークやスプーンを使って上手に食べよう」ではなく、「フォークやスプーンで何をしよう」と考えるようになる（ナイフを使うのはもう少しあとになるだろう）。赤ちゃんの準備ができる前に、食器として使うことをうながしたり、無理強いしたり、教えたりすると、赤ちゃんは混乱していら立つだけだろう。

手を使ったほうが食べ物をたくさんつかめるのを知っているので、何か月ものあいだ食器をたまにしか使わない赤ちゃんがいる一方で、すぐに食器を使うコツをつかむ赤ちゃんもいる。ほとんどの赤ちゃんは、1歳の誕生日を迎えるまでにスプーンやフォークを使い始める。さまざまな形や舌ざわりの食器を使ってたっぷり練習をさせれば、赤ちゃんは自分のペースで食器を上手に使えるようになるだろう。

お母さんやお父さんはたいてい最初にスプーンを与えるが、多くの赤ちゃんにとって、初めのうちはフォークのほうが使いやすい。スプーンは水分の多い食べ物が入ったボウルと相性がよい道具だ――スプーンで食べさせたことがある人ならわかると思う。ただし平らなお皿の食べ物をスプーンにのせるのはむずかしく、スプーンにのせたまま口まで運ぶのもかなりの注意力を要する。一方、フォークはスプーンよりも使い勝手がいい。食べ物につき刺すほうがすくうよりも簡単だし、たとえ食べ物が上下さかさまになってもフォークから落ちることはない。いかがだろうか。スプーンよりもフォークを最初に与えたくならないだろうか。赤ちゃんに持たせるフォークは赤ちゃん用のものである必要はないが、扱いやすい小さなものであるべきだ。フォークの先はあまり厚みのないものを選ぶこと。厚いと、食べ物をつき刺すというより押しつぶしてしまう。とはいえ、あまりにも薄かったりとがったりしているとけがをしそうだ。

ディップに浸す食材（料理したサヤインゲン、スティックパンなど。154ページ参照）の使い方を赤ちゃんがわかるようになれば、スプーンの使い方を覚えるときに役に立つので、最初はディップに浸す食材で試してみようとあなたは思うかもしれない。また食べ物がのったスプーンを赤ちゃんに手渡したり、あるいはそのスプーンを持ったあなたの手を赤ちゃんにつかませて、赤ちゃんが好きに動かせるようにしたりすることもできる。こうすると赤ちゃんはスプーンがどんな働きをするのかを理解できるようになり、口をすぼめてスプーンから食べ物を取ることができる。最初の何回かは、スプーンをさかさまにして食べ物をすべて落としてしまったり、腕を振った拍子に食べ物がどこかに飛んでいったりすることがあるかもしれないが、いちいち驚くのはやめよう。そんなことを何度かしているうちに、赤ちゃんは何が起こるかがわかるようになっていく——けれども食べ物を投げ散らかしたら一大事ということを理解するのはまだまだ先のことだろう。そう、多少散らかることは覚悟しよう。もし天気が良ければ、スプーンの初期実験は戸外でやらせよう！

オリバーは食事のときはいつもティースプーンを持っていたわ——離乳食を始める前から。きっと一緒に食べている気になっていたんでしょうね。11か月の頃にオリバー用の食器セットを買ってきたら、あの子はわたしたちのまねをし始めたわ。初めのうちは、わたしがスプーンでポリッジ（お粥）をすくってからオリバーに渡したの。あの子はそれを口まで運ぶのがとても上手だった――わたしの食べるようすを見ながらまねをしていたから。両手で使いたがったけど、それはいいの。それより今は、大人用の食器を使いたがるのよ。
――カーメル／オリバー（1歳2か月）の母さん

赤ちゃんが、ただ遊ぶのではなく食べるために食器を使い始めたら、おそらく食事にとても時間がかかるようになる。深呼吸をしてがまんしよう。幼児が自分のフォークやスプーンに食べ物をのせようと何度も繰り返し、口に運ぶまでに何度も落とすのを見続けるのは、大きな忍耐力がいる。赤ちゃんは食器の使い方をマスターするまでに、何度も何度もこれを繰り返すだろう。しかしたとえどんなに苦労しているように見えても、口出ししたり、手伝ったりしないこと。自分で食器を使うことを許されれば、赤ちゃんは使い方を早く覚えるだろう。赤ちゃんの性格によってはすぐにイライラして手づかみ食べに戻ってしまうかもしれない。しかしがまん強く、すぐにはあきらめないタイプの赤ちゃんなら、食事に多少時間がかかることを覚悟すること。

メイソンは気が遠くなるような長い時間をかけて、食器を使えるようになろうと必死になってるわ。あの子はフォークを使って食べ物をつき刺して、ときどき自分で食べるんじゃなくて、わたしにくれようとするの。たまに自分の口の中にうまく入れられることもあるけど、まだ修行中という感じ。だから最近のわが家の食卓はゆったりとくつろいできたわ。たまに手づかみ食べに戻ることもあるけど、食器を使うことをまったくあきらめていないの。
——ジョー／メイソン（1歳4か月）のお母さん

赤ちゃんが食器を使えるようになるためのアドバイス

- 初めのうちはスプーンよりフォークのほうが赤ちゃんは使いやすい。
- 食材をディップに浸して食べたり、あらかじめ食べ物がのったスプーンで食べたりすると、赤ちゃんはスプーンの使い方がわかるようになる。
- スプーンとフォークを赤ちゃんの手の届く範囲に置いてあげれば、いずれ赤ちゃんは自分から試すことができる。
- がまんすること——赤ちゃんの進歩はとても遅い。
- 頼まれるまで、赤ちゃんの手助けをしないこと。

ロージーは最初はすごい散らかし屋だったけど、今はきれいに食べるわ。行儀よく座って、食事が社交の場であることをちゃんと理解してる。

——ステイシー／グレース（4歳）とロージー（1歳2か月）のお母さん

外食

家族で外食するのは、ＢＬＷの大きな楽しみのひとつだ。外食のときに調理済みのピューレを持っていって、忙しいウエイターにお湯の入ったボウルをくださいとおずおずと頼んだり、ピューレを温めるために電子レンジを探したりする必要がない。それに、赤ちゃんに食べさせているあいだ自分の料理が冷めていくのを恨めしそうに眺めなくて済む。ほとんどのレストランのメニューには赤ちゃんが食べられそうなものがあるだろうが、ＢＬＷの最初の頃なら、あなたが頼んだ料理を赤ちゃんに分けてあげるだけでいい。

多くのカフェやレストランは、頼めばお子様サイズ（またはスモールサイズ）の料理を用意してくれるだろう。さもなければ余分にお皿をもらい（または持参して）、メイン料理（ツナマヨネーズがのったベイクドポテトから高級な料理まで）を赤ちゃんと分ければいい――離乳開始から数か月もたっていればどちらにしても問題は起こらない。どんな料理なら赤ちゃんが食べられるか、すぐにわかるようになるだろう。

家族みんなでシェアするためにさまざまな料理をスモールサイズで注文するのは赤ちゃんにとってもとても楽しいはずだし、たくさんの新しい味を試してみるよい機会になるだろう。トルコ料理の軽食（ピタパン、フムス、唐辛子のマリネなど）とスペイン料理のタパス（一品料理）は指で簡単に食べられるし、シェアするのにちょうどいい。赤ちゃん用に別の料理を選ぶよりも、ほかの人が食べている料理のなかから赤ちゃんに選ばせるほうがずっと楽だ。

友人とわたしとそれぞれの赤ちゃんの4人でランチに行ったの。そのときはふたりとも10か月くらいだったわ。シェアできて、赤ちゃんが簡単に手づかみ食べができるような前菜をたくさんオーダーして、テーブルに並べたの。楽しかったわ。わたしたちはおしゃべりを楽しみ、子供たちは食べ物を手づかみして楽しんでいた。誰もかも完全にリラックスしていたわ。

——シャンテル／アビー（2歳）のお母さん

レストランのお子様メニュー

ＢＬＷの利点のひとつは、レストランでお子様メニューを見なくて済むこと、あるいはレストラン選びをするときに「子供にやさしい」食べ物を出す店に限定しなくて済むことだ。あなたの子供は栄養のある普通の家庭料理に慣れているだろうから、「それしか食べられない」という理由でチキンナゲットやフライドポテトを仕方なく選ぶ必要もない。いわゆる子供向けの食べ物の大半は、食塩、砂糖、添加物が多く、どれも子供の体に良くない。ジャンクフードから子供を守れる期間が長ければ長いほどよいということになる。

イギリスでは30年ほど前からお子様メニューが多く見られるようになったが、多くの国では今も存在しない。そうした国ではどうしているのか。簡単な話だ。子供たちはお母さんやお父さんと同じ料理を小分けしてもらって食べている。

◉先まわりする

すべてのレストランが乳幼児用のハイチェアをきれいに拭いているわけではない。抗菌ウェットティッシュを持参し、赤ちゃんを座らせる前に拭くといい。赤ちゃんがお皿からうまく食べられないうちはとくにそうだ。拭いたほうがいいのはトレイだけではない。ハイチェアそれ自体もそうだ。直前に座った子供があらゆる場所に自分の夕食をなすりつけただろうから。そしてあなたの子供もまったく同じことをするだろう。お母さんやお父さんのなかには赤ちゃん用の巻物タイプのランチョンマットを持ち歩く人もいる。それを敷けば、落ちたものでも安心して赤ちゃんに食べさせられる。

うちの子たちが小さいときは、どこに行くときも赤ちゃん用のウェットティッシュを持ち歩いてたわ。べとべとした指や、汚れたテーブルや座席を拭くのにいつ必要になるかわからないでしょ。今でも何かこぼれたらわたしがウェットティッシュを取り出すと、子供たちは思っているわ。

——ダイアナ/アビゲイル（14歳）とベサニー（12歳）のお母さん

外食する機会が多いなら、ほとんどのテーブルに固定できるテーブルチェアを買うといいかもしれない。これはレストランのハイチェアがすべて使われてしまい赤ちゃんの分がなかったときに便利だし、赤ちゃんは家族と一緒にテーブルにつけるので家族の一員になったような気がしてうれしいだろう。

レストランやカフェで赤ちゃんに食べさせるものを決めるのはむずかしくないが、家で食べるよりも食事にかなり時間がかかり、次の料理が運ばれてくるまで長いこと待たされることもある。当然、乳幼児はまわりのようすに興味を持ち、この新しい環境が魅力的なことに気づいて探検したくなるだろう。料理が運ばれてくるまでのあいだや食事が終わったあと、赤ちゃんが何もせずに長時間じっと座っているなんて現実ではありえない。また料理が運ばれてくるまでの20分間、赤ちゃんに遊びを禁じてじっと待たせておくようなことも、あなたは普通はしないはずだ。赤ちゃんのほうも、外食には家で食事するときと違うルールがあることを理解できるほど大きくなってはいない。赤ちゃんを退屈させないように、レストランの中や外を一緒に散歩したり、おもちゃで気をそらせたりするようにしよう。

先まわりして赤ちゃんの視点から外食という行為を理解するようにしよう。そうすれば、誰にとっても外食はリラックスできて楽しいものになるだろう。

外食をストレスのないものにするためのアドバイス

・できるだけ早く赤ちゃんの料理を注文する。前菜がついていたら、メイン料理が運ばれてきても赤ちゃんはまだ楽しそうに前菜を食べているだろう。ほかの人がコースのどの料理を食べていようが、赤ちゃんのペースで食べさせよう。
・料理が運ばれる直前に（または運ばれてきて冷めてから）赤ちゃんを椅子に座らせる。
・テーブルに座っているときに赤ちゃんが夢中になれるような小さなおもちゃを持参する。
・料理やお皿が熱すぎないことを確認する。赤ちゃんのお皿を目の前ではなく、テーブルの中央に置くようにウエイターに頼むのがいい。そうすれば、赤ちゃんがお皿や食べ物をつかむ前にチェックすることができる。
・赤ちゃんの好きなように食べさせる。いくら高価な料理でも、赤ちゃんをなだめすかして欲しがる以上の量を食べさせたり、欲しがらないのに味見をさせたりしないこと――あなたもそうした誘惑に打ち勝つ努力をするべきだ。
・赤ちゃんのカップを持参する。レストランの大きなコップを赤ちゃんがうまく扱えるか心配せずに済む。
・赤ちゃんが食器を使うのが（食器で遊ぶのが）好きなら、赤ちゃんの「マイ食器」を持参する。
・赤ちゃんが散らかすのが気になるなら、家からフロアーマットを持参すればいい。赤ちゃんが食べ終わったらすぐに、落としたものを床から拾うことができる。

キャロラインは食事のときはいつもにこにこしていて、レストランに行くときも楽しそうについてきて、わたしたちが食べる料理なら何でも食べたわ。忘れもしないのは、あの子がアンコウとエビの料理を食べたときのこと——1歳になったばかりだったのよ。それまでずっと料理を分け合って食べてきたから、キャロラインには当然のことだったんでしょうね。

——ベサニー／キャロライン（6歳）とダニエル（2歳）のお母さん

うちはみんな外食がとても好きで、ブレンダンもレストランで上手に食べられるわ。店に着いたらすぐに注文して、夫かわたしのどちらかがあの子と散歩に行くの——店のまわりとか前の通りとか。料理が運ばれてくるまで、あの子をハイチェアにじっと座らせないようにするためね。ブレンダンは店内でおもちゃで遊ぶのはあまり好きじゃないけど、料理が運ばれてくればとても行儀よく座っているわ。

——マクシーン／ブレンダン（1歳5か月）のお母さん

ピクニック

赤ちゃん主導の離乳（BLW）は、とくにピクニックに向いている。ピクニックで食べるのはたいてい指でつまんで食べられるもの。まさに赤ちゃんの得意分野だ。散らかす心配をしなくて済むし、急ぐこともない。野外でみんなで食べるのは楽だ。

ピクニックのためにわざわざ遠出をする必要はない。家の庭や近くの公園で十分だ。天気が悪ければ、家の中でマットを敷いてピクニックごっこをすることだってできる。

BLWと赤ちゃんの世話をしてくれる人たち

保育園のスタッフ、チャイルドマインダー、おばあちゃんやおじいちゃんはたいてい、BLWを歓迎する。赤ちゃんが手づかみ食べをしているのを自分の目で見たことがある人たちはとくにそうだ。おばあちゃんやおじいちゃんは初めのうちこそ疑わしく思うようだが、孫が自分で食べている姿を見ると、「自分たちが子育てをしていたときにBLWを知らなかったなんて残念」と言いだす。

とはいえ、赤ちゃんの世話をしてくれる人がスプーンで与える離乳をこれまでずっとやってきたとしたら、あなたがそのやり方を望んでいないことを理解できないかもしれない。そういうときは、6か月くらいから赤ちゃんがフィンガーフードを食べるようにうながしてほしいと伝えよう。あなたがすべきこと（と彼らにお願いすること）は、ピューレの段階を省略することだ。

離乳を始めるって言うと、多くの人はあるイメージを思い浮かべるけど、そのイメージって横になっている4か月の赤ちゃんなのよね。でも4か月の赤ちゃんじゃなくて、ちゃんとお座りができて食べ物をつかめるもっと大きな赤ちゃんのことだって説明すると、みんな納得し始めるわ。

――ケイティ／サミー（5歳）とエルヴィス（2歳）のお母さん

赤ちゃんの世話をしてくれる人がＢＬＷを実践したことがなければ、彼らの視点で考えて、これから起こりそうな問題を予測しよう。よくある問題のひとつは、赤ちゃんがたくさん食べることを、ナニー、チャイルドマインダー、おばあちゃんやおじいちゃんは期待してしまうということだ。赤ちゃんが「十分に」食べていないと、職務怠慢と感じてしまうのだろう。ＢＬＷのごく初期に赤ちゃんの世話を誰かほかの人に頼むつもりなら、彼らのＢＬＷへの理解を確実なものにすることが大切だ。つまり、初期の段階では食事の時間は学んだり遊んだりするためのものであって、固形食を食べなくても心配はないことを理解してもらうのだ。赤ちゃんが母乳やミルクを欲しいときは食べ物を与えるべきではないという考え方は、彼らには奇妙に思えるかもしれない。だからこそ、それがなぜ重要なのかを理解してもらう必要がある（86ページ参照）。

月齢の高い赤ちゃんでも世話をしてくれる人が変わると、新しい環境に慣れるまでの数週間は食べ物に対して消極的になることがある。数日間はなじみのある食べ物だけを欲しがるかもしれないし、母乳やミルク以外のものに対して食欲を失うかもしれない。しかしさまざまな食べ物が与えられている限り、食べる量が多かろうが少なかろうが大したことではない。そのことを世話をしてくれる人たちにちゃんと知ってもらうように努力しよう。

エイミーのチャイルドマインダーは細かく切りすぎちゃうのよ。だからあの子はつかむことができなかったみたい。単なる習慣なんでしょうけどね。彼女みたいに10人の子供に従来のやり方で離乳食を与えてきたら、最初はピューレ、次はつぶしたもの、最後は細かく切ったものっていうようにしか思い浮かばないんでしょう。大きめに切ったものを与えるなんて、彼女にとってはまったく新しい考え方だったんでしょうね。

――アレックス／エイミー（1歳9か月）のお母さん

カイリーを迎えに行くたびにチャイルドマインダーは、「カイリーは食べはするけど、与えたものの一部だけ。食べることにあまり熱心じゃないみたいよ」って言うから、「何も食べなくても大丈夫です」って答え続けているわ。十分に食べていないんじゃないかっていう彼女の不安はそうとう根深いみたい。

――マーシー／カイリー（2歳）のお母さん

BLWの説明をしても赤ちゃんの世話をしてくれる人が納得しない場合、彼らと妥協する必要が出てくるだろう。赤ちゃんはとても適応力がある。誰かほかの人と一緒にいると食べ物がいつもと違うことに初めはとまどいながらも、人が違えば食べ物も変わることをすぐに学ぶようになる。一番大事なことは、世話をしてくれる人たちにあなたの考え方（お腹いっぱいになったら赤ちゃんは自分で食べるのをやめる）を尊重してもらうことである。欲しがる以上のものを食べるようにいつもうながされていると、赤ちゃんはミルクの量を早い時期に減らし始め、お腹を満たすためにピューレを食べるようになるかもしれない。その結果、家でBLWの食事をしているあいだ、赤ちゃんはイライラするようになるだろう。

食事中の安全

赤ちゃんの世話をしてくれる人がBLWの経験があったとしても、基本的な安全について話し合うのはよいことだ。そうしておけば、子供が安全であることに確信が持てる。世話をしてくれる人たちにとくに理解してほしいことはふたつ。ひとつは、食べ物を手でつかんでいるあいだ赤ちゃんはまっすぐに座り、そばに大人がいて見守っていること。もうひとつは、口の中に入るものをコントロールするのは赤ちゃんであるということだ。世話をする人がほかの子供の面倒も見ている場合は、年長の子供が赤ちゃんの口に食べ物を押し込むことがないか、細心の注意を払ってもらう必要がある。また「喉に詰まらせて吐きそうになる」「むせる」「喉に詰まらせる」の違いを理解してもらい、的確に対応してもらうこと（68～74ページ参照）。言うまでもないが、乳幼児の世話をする人すべてが緊急時における応急手当の基本訓練を受けるべきである。

フルタイムで働いていても、あなたは赤ちゃんの食事のうち少なくとも1、2回は一緒に食べたいと思うだろう。BLWの最初から赤ちゃんの世話は誰かほかの人に頼むことになっているが、赤ちゃんが食べ物で実験するようすは見逃したくないと思っているのなら、最初の1週間くらいは夕食は赤ちゃんと一緒に食べて、昼間は母乳かミルクだけを与えるようにしてもらうといいだろう。最初の数か月間は赤ちゃんは規則正しく食事をする必要はない。また授乳をやめない限り、お腹がすくこともない。

職場復帰する前に赤ちゃんの離乳を始めたいと思い、6か月になる前に始める、あるいはすぐに授乳量を減らすという誘惑にかられるお母さんやお父さんがいる。だがこれは賢明とは言えないし、BLWを実践してもうまくいかないだろう。赤ちゃんは準備ができていないと食べ物に興味を持つことはなく、食べるように無理に仕向けるとBLWそのものを嫌がるようになる。復帰時期については、前もって知らせておけばかなり融通がきく雇用主は少なくない。BLWの最初の数週間を赤ちゃんと一緒にすごしたければ、復帰時期を1、2週間遅らせることもできるだろう。

振り返ってみると、BLWはわたしの両親にとってとても都合がよかったんじゃないかしら。わたしが仕事に行っているあいだは両親がナタリアの世話をしてくれたの——赤ちゃんのときからずっと。両親にとってBLWとは、「余分な口を養うためにはその分だけ量を増やせばいい、それ以外に作る必要はない」ってことなの。なんて簡単なんだって、ふたりは驚いたと思うわ。

——ジュリー／ナタリア（4歳）のお母さん

●BLWと赤ちゃんの世話をしてくれる人たちへのアドバイス

・新しく世話をしてくれる人が決まったら最初の数日間は、前もって赤ちゃんの食べ物を用意しておくといいかもしれない。そうすれば、どんな形のものが良く、どんな食べ物なら与えていいのかが相手にもわかるだろう。彼らが育児の専門家の場合、フィンガーフードよりも食器を使える幼児と同じようにひと口サイズに切ったほうがいいと思い込んでいる人がいるからだ。

・赤ちゃんが食べ物を散らかした場合の対処法と落ちた食べ物をいかに安全に赤ちゃんに戻すかについて、世話をしてくれる人とよく話し合うこと。

・あなたがこれまで気づいたBLWを実践するうえでのコツを世話をしてくれる人たちに伝え、赤ちゃんの能力や味覚の発達についても最新情報を伝えること――逆に彼らからも情報を得よう。

●職場復帰するときの母乳育児

赤ちゃんが1歳未満のうちは、まだたっぷり授乳すべきだ。働いているあいだも赤ちゃんに母乳を与えられるようにしぼって保存するお母さんもいれば、チャイルドマインダーや保育園に預けるときはミルクを与えてもらうほうが楽だと考えるお母さんもいる。どちらにするかは、あなたが赤ちゃんと1日何時間離れているか、あなたが職場からどれほどのサポートや具体的な協力を得られるかで決まるだろう。一方、昼間は母乳なしだが、帰宅してから母乳を飲んで昼の分の埋め合わせをすれば、それで幸せを感じる赤ちゃんもいる。朝晩の母乳は、1日中離れている赤ちゃんとふたたび絆を深めるよい方法だと思うお母さんも多い。

多くのお母さんやお父さんは、赤ちゃんはとても順応性があることや、母乳育児はいくらでも融通がきくことを知って驚く。とはいえ赤ちゃんと長時間離れることになるので、しぼった母乳を残しておきたくない場合は、世話をしてくれる人にミルクを与えてもらうのがいいだろう。赤ちゃんがいきなり離乳食をたくさん食べるなんてことは期待しないほうがいい。

母乳育児と職場復帰について特別なアドバイスが欲しければ、新生児訪問の保健師、地元の母乳育児支援カウンセラー、全英母乳育児ヘルプラインに相談する。


わたしは職場で母乳をしぼっていたから、オリビアの月齢が進むうちに母乳の量がだんだん減っていくのがわかったわ。11か月になる頃には、職場で1日60ccしか出なくなっていた。それなら職場でしぼるのはやめて、帰宅してからオリビアにその分を飲ませればいいと思ったの。あの子はそれで満足だったから、それ以降は朝と夜に母乳を与えることにしたわ。

——ファリダ／オリビア（2歳）のお母さん

第6章　家族にとって健康的な食生活

わたしが仕事でかかわった家族にとってＢＬＷの波及効果は何かと言えば、赤ちゃんのために新鮮で栄養のある食べ物を用意した結果、自分たちの食事も改善され始め、新しい料理法を習ったり、家族の健康に心を配るようになったりしたことかしら。

――ジュリー／公衆栄養学者

赤ちゃんは自分があなたと同じものを食べているか、そうでないか、よくわかっているわ。あなただってそのことに気づいているでしょ。小さな粒チョコがかかったアイスクリームをあなたが食べようとすれば、赤ちゃんも食べようとする。おかげで何を食べようかよく考えるようになるわ。

――メアリー／エルシー（1歳11か月）のお母さん

健康的な食事をする

普通の家庭料理を家族と一緒に食べるのがＢＬＷのテーマなので、多くのお母さんやお父さんは離乳食の開始をきっかけに家族全員がちゃんと食べていることを確かめるようになる。そして赤ちゃんが栄養豊富な料理を毎日食べるようになれば、これから先ずっと健康的な食べ物を選ぶ可能性が非常に高まる。

この章では家族の誰もが健康的な食生活を送るための基本的な目安を示す（赤ちゃんの食べ物で制限したり避けたりする必要がある食品は第4章で取り上げた）。赤ちゃんはまねをして学ぶので、家族の誰もが体によいものを食べていれば赤ちゃんもそうしたいと思うだろう。どんな種類の食べ物を欲しがるようになるかは、すべてあなたしだいである。赤ちゃんは広告や友人に強制されて体に悪いものを食べることはないし、ひとりで買いものに行くこともできない！

健康的な食生活を送るための努力とは、赤ちゃんの栄養について心配することでも、赤ちゃんの食べ物をコントロールすることでもない。離乳を始めた最初の数か月間は、必要な栄養の大部分は母乳やミルクから得られる。料理から得るものはほんのわずかだ。一番大事なのは、赤ちゃんに与えられる食べ物が健康的で種類が豊富なこと。その条件が満たされてさえいれば、赤ちゃんは余分に栄養が必要になったときに、それらを簡単に手に入れられる。

家族の食事はバランスよく

それではあなたの家族が健康的でバランスのいい食事をしているかどうかを、どうやって確かめればいいのだろうか？　意外に簡単だ。ひとつは伝統料理である。世界中の文化から生まれた伝統料理はたいていとてもバランスがいい。また大量の野菜や果物などの新鮮な食品を使った料理からも、赤ちゃんと家族に必須の栄養素をほぼ確実に得られる。けれども日頃食べているもののなかにファーストフード、調理済み食品、加工スナックが多く含まれていると、栄養バランスはどんどん崩れていく。大量の脂肪、食塩、砂糖を摂取すると同時にビタミンやミネラルが不足するようになる。こうした食品は赤ちゃんには不適切だ。成人してから心臓病、糖尿病、がんの発症に関係してくる。

バランスの取れた食事には健康に欠かせない栄養素がすべて含まれ、主要食品群がほぼ正しい割合で入っている。あなたの食事の内容は日によって変わるだろうが、各食品群から1食分の倍数を食べるようにすれば、成人にとっても年長の子供にとっても有益である（1食分とは、だいたい手のひらにのる量だ）。とはいえ、次のことに留意しよう。

- 成長過程にいる子供は、お母さんやお父さんよりもタンパク質が必要である。
- 幼い子供は必要エネルギー量が多いので、年長の子供や成人よりも脂質が必要である。

・幼児は糖質を大量に食べる。
・赤ちゃんの1食分とは、赤ちゃんがひとつかみした量である。これは、多くの人が赤ちゃんに食べてほしいと思う量よりもかなり少ない。また1歳未満の赤ちゃんは栄養の大部分を母乳やミルクから引き続き摂取するべきだ。

食べる必要があるものとその理由

次に挙げるのは、毎日食べる必要がある主要食品群を知るための基本ガイドである。

◉野菜と果物（1日に5食分。できれば野菜3食分と果物2食分）

・ビタミンとミネラル、とくにビタミンCは免疫システムなどの体のシステムの大部分を健全に機能させる。
・食物繊維は便秘を防ぎ、健康的な腸にする。
・単純糖質［砂糖やブドウ糖、果糖などに含まれる］の役目はエネルギーをすぐに得ることと毒素と戦うことである。

フルーツジュースやスムージーを飲むよりも果物を丸ごと食べたほうが、食物繊維とビタミンCを多く得られ、糖によるダメージを減らせる。できるだけ丸ごとの果物を選ぼう（そのほうが安くあがる)。

◉米、パスタ、パンなどの穀物とジャガイモのようなデンプン質の野菜(1日2食から3食分)

・複合糖質[穀類、イモ類、豆類などに含まれる]はエネルギーをゆっくり得られる。

・食物繊維

・ビタミンとミネラル、とくにビタミンB

食物繊維

食物繊維には不溶性繊維と水溶性繊維の2種類がある。不溶性繊維は、全粒小麦のパンやパスタ、生のブラン(小麦ふすま)やブラン製品のような全粒小麦製品に含まれる。水溶性繊維は、オート麦、果物、エンドウ豆、レンズ豆、ひよこ豆、玄米に含まれる。成人と年長の子供は腸の健康のために両方の繊維が必要だが、赤ちゃんは水溶性繊維は必要だが不溶性繊維の取りすぎはよくない(138ページ参照)。

◉肉、魚、卵、ナッツ、豆類(1日に1食分)

・タンパク質は成長と体内組織の修復のために必要である。

・鉄と亜鉛は体中の細胞、とりわけ血液と骨が健康に機能するために必要である(供給源として赤身の肉が最適)。

・ビタミンAとBは血液、皮膚、目、神経、免疫システムがうまく機能し続けるために必要である。

・ビタミンDとカルシウム(とくに脂っこい魚と卵)は骨の成長と強化のために必要である。

・脂質

・カリウムとマグネシウムは新陳代謝を良くし、心臓を健康にする(ナッツはいい供給源)。

●カルシウムが豊富な食べ物(1日に1食分――子供はもっと食べてよい)

この食品群には牛とヒツジとヤギの乳、植物性強化ミルク、ヨーグルト、チーズが含まれる。ほかにはゴマ、緑葉野菜(カルシウムも鉄も吸収されにくいホウレンソウは除外)、やわらかい骨の小魚(イワシやマアジ)、ドライフルーツ(イチジクなど)も含まれる。これらは次の栄養素を含む。

・脂質(ドライフルーツは除く)

・ビタミンA、B、D

・タンパク質

・カルシウム

●脂肪と油(1日に1/4食分)

脂肪と油とは、バターや魚油《ぎょゆ》などの動物性脂肪と、オリーブ、ヒマワリ、菜種、ピーナツ、アーモンドなどの植物油をさす。植物油は動物性脂肪よりも体にいい。これらは次の栄養素を含む。

- 脂質は脳と神経が健全に機能するためと、有効なエネルギー源として必要。
- 脂溶性ビタミンのビタミンA、D、E、K

脂肪

脂肪は、飽和脂肪酸と不飽和脂肪酸という自然界に存在する2種類の脂肪酸で成り立つ。飽和脂肪酸はほとんどが動物性で、室温で固まりやすい（バターとラードなど）。もっとも体によい脂肪は1価、および多価不飽和脂肪酸で、おもに植物油と魚油に含まれる。なかでも最重要なふたつの多価不飽和脂肪酸はオメガ3脂肪酸とオメガ6脂肪酸であり、食事で少量摂取する必要がある。オメガ3脂肪酸は魚油、ナッツ類、種油、母乳に含まれている。

赤ちゃんは成人よりも脂肪を大量に必要とする。あなたが自分のために低脂肪製品を選んでいるとしたら、低脂肪と宣伝されている食べ物（ヨーグルトなど）には余分に砂糖が含まれていることがあるので、思ったほど体にいい選択をしたわけではないかもしれない！

人工的に作られた脂肪酸（トランス脂肪酸や部分水素添加油脂など）は、調理済み食品、工場製造のパンや菓子、スナックのような超加工食品で使われることが多い。それらは健康的な脂肪の働きを妨げ、心臓病のリスクを増加させると考えられている。避けたほうがいい。

◉ベジタリアンとビーガン（完全菜食主義者）の食事

特定の食品を排除する食生活は、一部の栄養素の摂取量が少なくなる危険性がある。肉と魚は鉄とタンパク質の主要な供給源であるから、そうしたものを食べない場合は、ほかの食品から必要量を確実に摂取しなければならない。また動物性食品をいっさい食べない場合（ビーガン）は、ビタミンB、鉄、亜鉛、カルシウムを含む別のものを食べるように心がけなければならないだろう。

ベジタリアンは卵と乳製品からタンパク質をかなり摂取することができる。大豆（豆腐、テンペ［インドネシアの大豆醱酵食品］、豆乳、植物性タンパク質という形で）は、キノア［アンデス高原産の穀物。種子はスープやお粥、粉はパンやケーキなどに用いられる］と同じように、ビーガンとベジタリアンには栄養素の良き供給源となる。大豆には高レベルのアルミニウムと植物性エストロゲンが含まれているので、赤ちゃんはひんぱんに食べてはいけない。豆類と菌類由来のマイコプロテイン（肉の代替食品「クォーン」など）は不完全タンパク質［9種類の必須アミノ酸をすべて含まないもの］なので、必須アミノ酸をすべて摂取するために穀物と組み合わせなければならない。

インゲン豆、レンズ豆、エンドウ豆などの豆類、アプリコット、イチジク、プルーンなどのドライフルーツ、ほとんどの緑葉野菜（ホウレンソウを除く）は、鉄が豊富に含まれている。ビタミンCは鉄の吸収を助けるので、食事のときにビタミンCが豊富な野菜と果物を食べれば、食べ物から得られる鉄を最大限に吸収できるだろう。

赤ちゃんをビーガンとして育てるつもりなら、または特定の食品群を除外する必要があると考えているのなら、赤ちゃんに与える食べ物について栄養士か栄養学者に相談するのがいいだろう。彼らなら、健康的な食品の組み合わせ方をアドバイスしてくれるだろうし、ビタミンやミネラルを補充するためのサプリメントが必要かどうかも教えてくれるだろう。

◉栄養素の供給源の一覧表

226～227ページの表は食品の種類によってどんな栄養素が含まれているかを示している。供給源として望ましい食品ほどチェック（✓）の数が多い。栄養素のなかには多くのアルカリ性食品に含まれるものがあるので（ビタミンEとセレニウムなど）、それらは表にのせなかった。同様に亜鉛は鉄を含む食品に含まれるので省略した。

多様性こそ人生のスパイス！

あなたがどんなにバランスのいい食生活を送っているとしても、多種多様なものを食べる必要がある。そうすることで、あなたや赤ちゃんはさまざまなビタミンやミネラルを摂取できる。赤ちゃんの栄養状態を良好にするためにあなたができるもっとも重要なことは、バラエティーに富んだ食べ物を赤ちゃんに与えることである。

毎週同じ食品を購入する人が多いが、もし買いもののリストがほぼ毎回同じなら、新しい食品を何点か加えてみよう。よく考えてみると、毎朝同じものを食べたり、お気に入りの料理を毎週食べたりする人が多い。こうした食生活は不健康とまでは言えないが、赤ちゃんにさまざまな食品を与えていることにはならない。そしてあなたの好物を赤ちゃんが好きでなかった場合には、成長するにつれて食べ物の選択の幅はせばまることになりそうだ。

多様な食品を食べるために次のことを試してみよう。

- さまざまな色の野菜と果物をできるだけ多く食べるようにする。赤、黄色、緑、オレンジ、紫の野菜や果物にはどれもさまざまな栄養素が含まれている。
- いつもは買わない野菜や果物をいくつか試してみる。
- パセリ、コリアンダー、バジルなどの新鮮なハーブにはさまざまなビタミンとミネラルが含まれている。
- 料理にジャガイモをたくさん使うなら、サツマイモやスウェーデンカブ（ルタバガ）などのほかの根菜を試してみる。
- キビ、ブルガー小麦（ひき割り小麦）、クスクス、キノアは、多くの料理でお米の代わりに使われる。
- ライ麦パンやプンパニッケルパン［ライ麦粉で作る酸味のあるドイツ発祥の黒パン］をいつもの小麦パンの代わりに食べてみる。
- いつもの朝食用シリアルを別の穀物のシリアルに変えてみる。
- そば粉やスペルト小麦［小麦の原種にあたる古代穀物］は、焼いたり料理したりするときに小麦粉の代わりに使うことができる。

ビタミンC	ビタミンD／カルシウム	鉄	糖質	タンパク質	脂質	食物繊維
✓✓✓			✓✓			✓✓
✓✓✓			✓✓			✓✓
✓✓		✓✓	✓✓			✓✓✓
✓✓			✓✓✓			✓✓✓
✓✓			✓✓			✓✓
✓✓			✓✓			✓✓
✓✓			✓✓	✓✓	✓	✓✓
✓✓	✓	✓✓				✓✓
✓			✓✓			✓✓
✓			✓✓✓			✓
✓		✓✓	✓✓	✓✓✓（不完全タンパク質）	✓	✓✓
	✓	✓		✓✓✓	✓	✓✓
		✓（全粒穀物）	✓✓✓	✓✓✓（不完全タンパク質）		✓✓✓
		✓	✓✓✓	✓✓✓		✓✓✓
		✓✓✓		✓✓✓	✓✓	
	✓✓	✓✓✓		✓✓✓		
		✓✓		✓✓✓	✓✓	
	✓✓✓			✓✓✓	✓✓	
	✓			✓✓✓	✓	
	✓✓✓	✓		✓✓✓	✓✓	
	✓✓		✓	✓	✓✓	
	✓✓				✓✓✓	
	✓✓✓		✓	✓✓	✓✓	
		✓✓	✓✓		✓✓	✓
					✓✓✓	

栄養素→ 食品の種類↓	ビタミンA／ ベータカロテン	ビタミンB群
柑橘類（オレンジ、みかん、グレープフルーツ）		
ベリー（ブルーベリー、ラズベリーなど）		
ドライフルーツ（イチジク、プルーン、アプリコットなど）		
バナナ		✓✓
その他の果物		
パプリカ（赤、黄、オレンジ）	✓	
アボカド	✓	
緑葉野菜（ケールなど）	✓	
根菜（ニンジン、パースニップなど）	✓（オレンジ色と赤）	
でんぷん質の野菜（ジャガイモ、ヤムイモなど）		✓
豆類（ひよこ豆、インゲン豆、レンズ豆、エンドウ豆など）		
大豆と大豆製品（豆腐と植物性タンパク質など）		✓✓✓
シリアル／穀物（パン、パスタ、米、小麦、クスクス、そば、オート麦など）		✓✓✓
キノア*		✓✓✓
赤身の肉（牛肉、ラム肉など）		✓✓✓
レバー	✓✓✓	✓✓✓
家禽類（ニワトリ、カモ、七面鳥など）		✓✓✓
脂っこい魚（サバ、イワシ、サケなど）	✓✓✓	✓✓
白身の魚（カレイ、タラ、ヒラメなど）	✓	✓✓
卵	✓✓✓	✓✓✓
牛乳とヨーグルト	✓✓	✓
バターと乳脂	✓	✓
チーズ	✓✓	✓✓
ナッツ（細挽き）（クルミ、アーモンド、ブラジルナッツなど）		
植物油、種油、ナッツオイル（オリーブ油、ゴマ油、クルミ油など）		

*キノア：アンデス高原産の穀物。種子はスープや粥、粉はパンやケーキなどに用いられる。

・目先を変えて、海藻パスタ、ズッキーニのパスタ、ライスヌードルのような小麦粉を使わないパスタやヌードルを試してみる。
・鶏肉、牛肉、ラム肉、豚肉はどれも食肉に適しているが、シカ、ウズラ、ウサギ、カモ、ガチョウなども栄養がある――値段は高そうだが。
・肉の部位はどれも同じ栄養素とは限らない。たとえば、鶏のモモ肉はムネ肉とは栄養素が異なるので、肉を買うときは部位を変えるといい。
・レバーは非常に優れた栄養源である――とくに鉄が豊富だ。けれども週に1回か2回以上は食べるべきではない。レバーには濃縮された有毒物質だけでなく高レベルのビタミンAが含まれているからだ。できれば有機飼育のレバーを選ぶ。
・食肉は鉄と亜鉛の最高の供給源だが、毎日食べる必要はない。インゲン豆やレンズ豆のような豆類には、動物性食品のタンパク質にはない栄養素が含まれている。それに豆類のほうがはるかに安価だ。
・ビーガンチーズ（乳製品を使わないチーズ）や、牛、ヒツジ、ヤギ、水牛の乳で作られたさまざまなチーズを試してみよう。
・挽き立てのナッツや種をポリッジやシリアルに加えると栄養価が高くなる。
・アマニ油やクルミ油はサラダドレッシングの中に入れたり、パスタにかけたりして使うことができる。
・アボカドには体にいい脂肪がかなり多く含まれている（ほかのどのフルーツより「カロリー豊富」

である）。

オーガニック食品を購入する

賞味期限の長い安価な食品への需要は大きい。しかしそうした食品の多くには化学物質が含まれていると理解しておいたほうがいい。農作物には農薬や殺菌剤が散布されることが多く、加工食品には人工調味料、保存料、着色料が添加されるのが普通だ。これらの化学物質の多くは有害かもしれないのに、乳幼児への複合効果の研究はほとんどされていない。

有機農業や有機飼育で作られ、有害な化学物質を含んでいないオーガニック食品は高価だが、野菜、卵、牛乳については普通の食品と比べてそれほど高くはない。地元のオーガニック食品の宅配サービスもチェックしてみよう。そうした食品は市販のオーガニック食品よりも安いことが多い。また宅配サービスのほうが節約になるかもしれない。スーパーで不要なものまで買ってしまう心配がない。またどのオーガニック食品を買うか迷ったときは、子供がよく食べるものを選ぶ家庭が多いようだ。

体に悪い食べ物──どれくらいまでなら大丈夫か?

赤ちゃんの体にとってとくに悪い食べ物は、ほかの家族（成人も含む）の体にとっても悪いことが多い。砂糖、食塩、体に良くない脂肪を含む市販の調理済み食品（ケーキ、ビスケット、ポテトチップス、ペストリー、ピザ、パイなど）はあまり必要ではない。控えめに食べるのがいいだろう――せいぜい週に2回程度。インスタント食品や炭酸飲料などの超加工食品は完全に避けたほうがいい。

市販のケーキやビスケットを決して食べてはいけないということではないが、それらの食品からは栄養は得られない。お腹がいっぱいになるだけだ。あなたが食べなければ、子供も食べたいとは思わないだろう。

食品から最高の栄養を得るためのアドバイス

食品に含まれる栄養は不変ではない。食品がどうやって作られたか、作られてからどれほど時間がたっているか、どんなふうに料理されたかによって決まる。家庭で食べるものからできるだけ多くの栄養を得るためにあなたができることは、山ほどある。次のアドバイスを参考にすれば、食品から最大限の栄養を入手できるだろう。

- たとえばファーマーズマーケット（直売所）などで、地元で栽培された旬の野菜や果物を購入する。それらは輸入食品よりも新鮮である（そして保存料が少ない）。輸入食品はちゃんと熟す前に――すべてのビタミンが完全に作られる前に――収穫された可能性がある。

・できるなら有機野菜や果物を皮つきのまま食べること。栄養分の多くは皮の真下にある（普通の野菜や果物は表面のワックスや農薬を取り除くために皮をむくか、薄めた酢や市販の野菜用洗剤「ベジウォッシュ」で洗ったほうがいい）。
・養分損失を減らすために野菜はゆでるより蒸すほうがいい。
・料理した野菜から出た汁をスープ、ソース、グレービーソースに使う。栄養が無駄にならない。
・野菜と果物は食べる直前や料理する直前に切る。とくに室温だと、ビタミンCの一部は切り口の表面から失われる。さもなければ、ラップで包んで冷蔵庫にしまう。持ち歩くならできるだけ保冷バッグに入れておく。
・冷凍野菜はとても役に立ち、缶詰や乾燥したものよりもビタミンを含んでいる。さらに毎食必要な分量だけ使うこともできるので、無駄がほとんどない。

赤ちゃんと一緒に食べる食事をできるだけ栄養豊富なものにするためには、一週間分の食料品の買い出しリストをチェックして、何をすべきかを考えることから始めるといい。その結果、たとえばスーパーで買うのをやめてファーマーズマーケットに行くような思い切った改善をするお母さんやお父さんもいれば、状況に合わせて少しずつ改善しようとするお母さんやお父さんもいるだろう。保存や調理の方法に重点を置く家庭もあると思う。何をするにしろ、栄養のある食事を作れば作るほど、家族全員にとっても――赤ちゃんにとっても――良い結果になるだろう。

第7章　BLWで成長する

エリーが1歳6か月くらいになったとき、食べ物のことで自分が口うるさくなったことに気づきました。説きふせているわけじゃないんですけど、「本当にもう食べ終わったの？」「チキンをもう少し食べてみない？」っていろいろ言ってしまって。あの子はちゃんと食べているんだろうかって不安になったんです。その不安を打ち消すために、「エリーは何が必要かわかっているから大丈夫」って自分に言い聞かせてました。でも昔ながらの考え方がしみ込んでいるから、子供を説きふせてでも食べさせないといけないって思ったり、食べることと行儀の「良し悪し」をどう折り合いをつけたらいいのかわからなくなったりしました。

――シャロン／エリー（1歳10か月）のお母さん

赤ちゃん主導のアプローチを継続する

子供が大きくなっても、食事の時間がかわらず楽しいものであるように心がけることは重要だ。こと食べ物に関しては幼児期は悩まされることが多いと言われているが、食卓で好き嫌いを言ったり散らかしたりするのはよくあることで、そうした行動はきわめて正常だと言ってよいだろう。だから、乳幼児の手に負えない話ばかり聞いてパニックに陥ることはない。ＢＬＷなら、お母さんやお父さんが乳幼児相手に直面する問題の多くを避けることができる。

幼児になると自己主張をしたがるようになり、自分に自信ができて、ひとりでやろうとする。自分でやってうまくいけばうれしくなるし、達成感も味わえる。その点に関しては、赤ちゃん主導の離乳は申し分ない――あなたが口や手を出さない限りは。引き続き子供の食欲を信用し、本当に必要なときだけ手を貸して、それ以外は子供自身のペースで進ませよう。

子供に否定的なレッテルを貼らない

幼い子供でもお母さんやお父さんやまわりの人たちが自分のことをどんなふうに言っているのかはよくわかっている。だからこそ耳にした否定的な言葉通りに行動しようと思ってしまう。子供が食べ物を自分で選んだり、まわりの人が期待する量を食べなかったりすると、偏食だとか小食だとかのレッテルが貼られることが多い。研究報告によれば、本物の偏食（あらゆる種類の食べ物を拒絶する）は、BLWで離乳を始めた子供にはあまり見られないようだ。多少好き嫌いがあったり、変わった選び方をしても、それは幼児によく見られる行動のひとつである。

子供が特定の食べ物を理由もなく——ときには数週間も続けて——食べてばかりいたり、まったく食べなかったりすることがある。それは最近の出来事（病気など）に関係していたり、その食べ物が消化しにくいと子供が気づいたり、アレルギー反応を起こしかねなかったりすることと関係していたりする——それを示唆する事例がある。

子供が食べたがらないものを食べさせようと説きふせたりだましたりするのは、長い目で見れば良い結果になるとは思えないが、その食べ物をときおり——プレッシャーをかけずにのんびりと——与えれば、子供は気が変わったときにいつでも食べられる。

多くの子供はお母さんやお父さんをとまどわせるような食べ物を選んだり、まわりの人が期待するほどの量を食べなかったりする。けれどもそういう子供を「食が細い」と言うのは正確さや公正さに欠ける。子供が健康で活動的に育っていれば、必要量は十分に摂取されているのは明らかだ。その点について「不十分な」ことは何もない。

食べ物を自分でお皿に取らせる

乳幼児ならたいてい、食べ物を自分のお皿に取るのをおもしろがる。だから大皿に料理をすべて盛ってしまえば、赤ちゃんのお皿にどの食べ物をどれくらいのせようかと考えずに済む。大皿に盛れば会話をしながら料理を分け合うことに弾みがつく。すでに子供とのあいだで食べ物をめぐる戦いが始まっていたら、この方法は食事の時間をふたたび楽しくする改善策になる。

自分で食べ物をお皿に取らせれば、子供は自分の食欲を判断することができる。食べる量を前もって自分で決められれば、たいていの子供は驚くほど正確にそれを判断できるようになる。子供のお皿に1食分を直接盛ることはせずに、自分でやらせてみよう。取り分け用のスプーンを使うには少し手助けが必要かもしれないが、子供に何をどれくらい食べるのかを決めさせよう。ただし子供はあなたのしていることをまねすることを忘れずに——食塩とチリソースの入った容器から目を離してはならない！

自分の食欲を判断できるのはもちろんのこと、自分の食べるものを取り分けられれば、子供は目と手の協調運動、筋肉のコントロール、食べ物までの距離の測定と取り分ける量の判断という貴重な訓練をすることができる。自分で判断して達成できたという感覚も得られ、人の手を借りずに自分だけでできたと自信を深められるだろう。手始めに、サラダや冷菜で試してみるといい。食べ物が熱いときは、やけどをしないように気をつけること——とくにスープやキャセロールのような水分が多いものは要注意。それから最初の数回はテーブルは散らかるだろうが気にしないこと——練習を重ねるほど上達する。

サリーアンは一緒に料理をしたがるんだ。食べ物の皮をむいたり、切ったり、鍋に入れてかきまわしたりするのを楽しんでる。テーブルを拭くことだってする。グレービーソースを自分でかけると言い出すし、お代わりして鍋をさらうのも好きだ。キャセロールを作れば、ちょっと味見してから「おいしい」ってぼくたちに言う。ズッキーニをひと切れつかんで「これって、ズッキーニ?」って聞くときは、好きじゃないから覚えておいてって意味なんだ。

——アンソニー/サリーアン(3歳)のお父さん

幼児は食器棚や冷蔵庫からおやつを自由に取って食べるのが好きだ。子供が簡単に開けられるような容器に健康的なスナック食品を少し入れておいたり、手が届くところにフルーツバスケットを置いておくといい。おやつを自由に取って食べさせているなら、ちゃんと座ってあなたと一緒に食べるように子供に教えるべきだ。食べながら遊びまわっていると喉に詰まらせる危険があるので、見守る人がいないところで食べさせるべきではない。

ヘイリーはお腹がすくと、キッチンに入ってきて冷蔵庫を指さすか、フルーツバスケットのところに行ってリンゴなんかを取って食べるわ——ランチまで待たなくていいの。体に悪いおやつは家に置いてないから、欲しいものは何でも食べられるってわけ。

——セリーナ/ヘイリー(2歳)のお母さん

幼児はほかの子が保育園や友達の家で何を食べているのかを知っていて、同じものを食べたがるかもしれない。それが体に良くないものでもあまりやきもきしないほうがいい。たまにビスケットを食べても何の害もない。特定の食べ物を禁止すれば子供はかえって欲しがるものだ。家庭で健康的なものを食べていれば、子供は外でも健康的なものを選ぶ可能性が高い。

最近パーティーがあったんだけど、レクシーは自分で食べ物を取りに行って、最初はチョコレートケーキをひと切れ取ったけど、ほとんど残したわ。それから自分のボウルにブルーベリーをいっぱい入れて、全部食べ終わるとお代わりをもらいにいったの。ケーキやビスケットには興味がなかったみたい。

——ハリエット／レクシー（1歳10か月）のお母さん

食事中のマナー

食べ物で遊んだり手づかみ食べをしたりする赤ちゃんには正しいテーブルマナーが身につかないと心配するお母さんやお父さん（そしておばあちゃんやおじいちゃん）は多いだろう。けれども大きくなったときに食事中に無作法なことをしがちなのは、食べ物でいろいろな実験ができなかった赤ちゃんである——それを示す事例がある。早い時期に自分で食べるということは、食べ物を調べながら学習するということだ。乳幼児には基本的な能力を身につけるための時間がまず必要だ。そうした能力が身についてから、お母さんやお父さんが身につけてほしいと思うテーブルマナーに合うように自分の行動を微調整すればいい。そのためにはできるだけ家族と一緒に食べることが大切になる。そうすればほかの人が食事中にどんなふうに振る舞っているかがわかり、まねをすることができる。

子供にとってもっとも大事なお手本は、あなただ。子供は一日中あなたのことを見ている。子供にレストランである程度ちゃんと振る舞ってほしいのなら、あなたが家でもお手本にならなければならない。たとえば、同じものを食べるときは同じ食べ方を守り通す。あなたがフライドポテトをナイフとフォークで食べ、しかしときには手でつまんで食べることもあるとする。子供は——どこであっても——手でつまんで食べてしまうかもしれない。7歳以下の子供に、場所をわきまえて行動することを期待するほうが無理なのだ。

食事中のマナーをほめたり叱ったりする必要はない。子供は人のまねや、人から期待されていると感じたことを自然としたがる。自分の行動があなたを驚かせたと感じたら、何を期待されているのかがわからなくなって子供はとまどうだろう。子供のしていることが気に入らなかったら、なぜそんな振る舞いをするのかを少し考えてみよう。そして、食事中の正しいマナーを子供に示すことと、その食事の場で子供が何をしたいのかを理解すること——その両方がうまく成り立つように努力しよう。

ハイチェアに座るのが嫌で——閉じ込められているように感じるのかもしれない——騒ぎ立てる子供もいれば、普通の椅子に正座したり、子供用の補助椅子に座ったりするのが楽しそうに見える子供もいる。子供が安全である限りは、どんな座り方で食べてもいい。

スプーンでごっこ遊び

子供はもともと遊ぶのが大好きで、ものを分け合ったり、順番に何かをしたりして楽しむ。スプーンを使ってあなたにものを食べさせようとしたり、逆にスプーンで食べさせてと甘えたりするかもしれない。これは子供が赤ちゃん返りしたサインでもないし、離乳食をスプーンで食べそこなったことを残念がっているサインでもない。そしてあなたにずっと食べさせてほしいと思っているわけでもない――ただのゲームなのだ。

幼い子供はすぐに飽きてしまう。とくに自分が食べ終わったあとでも座っているように言われると、食べ物を投げたり、食器でたたいたり、椅子から降りようとしたりすることがよく見られる。これはお行儀が悪いわけではなく、飽きたり、焦れたりしているサインにすぎない。子供はじっとしているのが嫌いだ。動きまわっていたいし、何かを学んでいたい。食べ物への関心を失っているのにずっと座らせておくのは無意味だ。

◉テーブルマナーが身につくためのアドバイス

- できるだけ子供と一緒に食べる
- 良きお手本となる――そして同じ食べ方を押し通す。
- 学ぶ時間を与える――すぐに多くのことを期待しない。

・食事が終わったら、テーブルにずっと座らせておかない。
・子供を叱ったりほめたりしない――子供の視点で食事の時間をとらえる。

◉ワイロとごほうびと罰

子供が大きくなると、大人は食べ物を利用したくなるものだ。お行儀のいいときの「ごほうび」として、何かをさせようとするときの「ワイロ」として、特定の食べ物をテーブルから片づけることで「罰」として。けれども食べ物を食欲ではなく特定の行動と結びつけようとする行為は、子供の食べ物に対する態度をゆがめてしまうことがある。のちのち子供が自分の行動をうまく管理できないという事態に陥るかもしれない。

「いい子でいるとごほうびをもらえる」は無害なことのように思えるかもしれないが、あなた（またはは家族のメンバー）が与えようとするごほうびがひと皿分の野菜や1本のバナナであろうはずがないことを忘れないでほしい。それはチョコレートやビスケットやスイーツである可能性がかなり高いはずだ。すると子供はすぐにそうした食べ物をとくに「好ましいもの」と思うようになり、一定のパターンで行動すればいつでももらえると期待するようになる。ここには3つの問題が潜んでいる。まず、子供はチョコレートやスイーツをほかの食べ物より「優れているもの」ととらえるようになり、次に、あなたが食べてほしいと思っているものよりもかなり甘いものを食べるようになり、最後に、ケーキがほしいという理由だけであなたをよろこばせようとし始めるかもしれない！

食べ物をワイロや罰として利用しても同じような問題が生じる。「ニンジンを食べたら遊園地に行けるよ」とか「芽キャベツを食べ終わらないとプリンは食べられないわよ」と言われるようになると、子供はすぐに野菜に不信感を抱くようになる。野菜はプリンより劣るのだと確信し、野菜を食べることを何かいいことが起こる前にやり遂げなければならない「仕事」としてとらえるようになってしまう。とはいえ、大人と同じように、子供も「デザートは別腹」にしていけない理由はない。そして言うまでもないが、毎食スイーツを出す必要もない。

子供が泣いていたり落ち込んでいたりしたら、元気づけるために甘いものを与えたくなるが、実はそれは子供を泣き止ませるためのワイロでしかない。本当に必要なこと——それは抱きしめてキスをしてあげることだ。慰めるために食べ物を利用すると、子供は食べ物と慰めのふたつを混同してしまう危険がある。大人と同じように、落ち込んだときはいつでも甘いものに慰めを求めるようになってしまう。

「ワイロ」「ごほうび」「罰」の体験を重ねることで、食べ物には人を動かしコントロールする力があると子供は勘違いする。この3つは何が体に必要かを知ろうとする子供の本能を抑えこむ。BLWがしようとしていることとは正反対だ。食べ物をこんなふうに利用すると、長期的にはうまくいかなくなる。とはいえ、子供はすぐにそうした駆け引きを見抜き、この3つにまどわされることなくふたたび自分で食べ物をコントロールする方法を発見する。

トムはもうじき4歳。友達がたくさんいるんだけど、親たちが食事中に「ブロッコリーを食べ終わったらアイスクリームをあげよう」みたいなことを言って急かすんだそうだ。そんなに簡単にアイスをごほうびにあげてたら、そりゃあうまくいくさ。でも食事なんだから、食べたいものを食べて食べたくないものは食べない――それでいいじゃないか。
――フィル／トム（4歳）のお父さん

意地の張り合いを避ける

誰もが子供との食事中のいざこざを話題にするが、それは避けられないことではない。原因の大半は、お母さんやお父さんが子供に必要だと考える食べ物と子供が自分に必要だと考える食べ物が一致しないことだ。その点BLWなら、お母さんやお父さんが子供の食欲と食べ物の選択を信用し続けている限りは、こうしたことは起こりそうもない。

子供は――とりわけ食べ物に関しては――鋭い生存本能を持ち、何を、いつ、どれくらい食べなければならないかについてはきわめて信頼できる感覚を持っている。となると、あとはお母さんやお父さんが子供を信用するだけである。信じられないかもしれないが、活動的な1歳6か月の子供は9か月の乳児と同量（あるいはそれ以下の量）の食べ物を食べるだけでいい。9か月の乳児はさらに母乳かミルクを飲んでいるだろうから、なおさら驚きだ。赤ちゃんは成長のスピードが非常に速いので、生後1年間は驚くほど大量のカロリーが必要になる。幼児は急成長しているように見えるが、乳児のときと同じスピードで成長しているわけではないので、必ずしもたくさん食べる必要はない。それどころか、1歳を過ぎてからも乳児と同量の食べ物を食べていたら、肥満児になってしまうだろう！

幼児の食生活については、乳児のときほど心配することはない。元気に育っているのなら、子供は何を食べなければならないかをわかっているということだ。食事が栄養のあるバランスの取れたものであるように心がけ、牛乳やジュースや栄養のないおやつで子供がお腹をいっぱいにしていないかを注意するだけでいい。何よりも大切なのは、食事の時間をリラックスした楽しい時間にすることだ。親子のあいだで食事の時間が意地の張り合いになってしまうことがよくあるが、そんなことになれば子供の食べる量はほぼ間違いなく減ることになり、お母さんやお父さんが望む量からはほど遠くなる。

幼児になっても赤ちゃん主導の食事を続けるコツ

- できるだけ食べ物を自分のお皿に取らせる。
- 子供の食欲を信じ続ける。
- おやつを自分で取らせるようにする（ただしおやつは栄養のあるものとする）。
- 食べ物をごほうびや罰やワイロとして利用したり、慰めの代用にしたりしない。

ペイジが2歳になったとたん、わたしの母は「あの子流のやり方で食べさせるのはそろそろやめるべきね」と言い出したの。ペイジが食べ切らないと、母はあの子のぶんを食べる振りをして、「このごちそうを無駄にするつもりじゃないわよね？」って言うの。それは母がわたしたちを育てていた頃からの口癖。善意であって、意地悪をするつもりはないのだけれど……。でもペイジは食事のときにちょっと気むずかしくなって、食べ物を自分で遠ざけたりするようになった——おばあちゃんがいるときだけね。

——ダニエル／ペイジ（3歳）のお母さん

ＢＬＷ　わたしの場合

赤ちゃん主導の離乳は実に簡単です。リディアはいつも楽しそうに自分から食べます。食事の時間を本当に楽しんでいます。最近、小さな女の子の世話をしている友人からその子にスプーンで食べさせるように頼まれました。でもできませんでした。わたしも何年も前は上の娘にスプーンで食べさせていたのに。リディアでＢＬＷを実践してからは、スプーンで食べさせるのに違和感を持つようになりました。

その赤ちゃんは1歳だったので——自分でうまく食べられる年齢のはずです——ひどく間違っているように思えました。無理やり与えているような感じで。赤ちゃんを信用して、どんどん自分で食べさせるほうがずっと自然だと思います。リディアにＢＬＷで食べさせたことで、わたしの食事についての考え方は一変しました。上の娘のジョーのときは「夕食を残さず食べなさい」ってつねに言ってましたから、ジョーはそのことを今でも覚えています。あの頃のことを思い出すと、今でも自己嫌悪に陥ります。BLWならそんなことを言わなくて済みます。わたしはお皿のものは残してはいけないと言われて育ちましたけど、考えが180度変わりました。

リディアと一緒だと食事の時間がとてもリラックスできます。それはこれからもずっと続くと思います。お腹がどれくらいすいているか、何を食べたいかをリディア自身が決めること——それをわたしが受け入れたからです。わたしは食事の時間を争いの場にするつもりはありません。BLWは本当に役に立ちます。

——ルーシー／ジョー（16歳）とリディア（1歳5か月）のお母さん

卒乳と断乳

子供が母乳やミルクをやめる準備ができれば、赤ちゃん主導の離乳は自然に終わる。母乳で育てていれば急いでBLWを終わらせる必要はなく、そのまま子供に主導権を握らせておけばいい。世界保健機関（WHO）は、すべての子供は2年以上母乳を与えられるべきであり、母乳によって得られる養育と健康保護を享受し続けることを推奨している。実際、1歳の誕生日を迎える前に、赤ちゃんが自発的に母乳を飲むのをやめる、つまり「卒乳」することはまれである。やめる準備ができたのならば、自分からお母さんの胸を求めなくなったり、胸をあてがっても繰り返し顔をそむけたりするようになるはずだ。子供がもし言葉を話せるならば、「もういらない」と言うのかもしれない。

もしミルクを与えていれば、あなたが主導して断乳する可能性が高いだろう（断乳は哺乳びんの使用に関係する虫歯、つまり「哺乳びん虫歯」を防ぐのにも役立つ）。子供が家族と一緒に食べているのなら、1歳を過ぎたらミルクを与える必要はないし、フォローアップミルクもいらない。とはいえ、授乳と結びついたやさしい抱擁や慰めを幼児はまだ必要としているので、一気にではなく段階的に断乳し、以前授乳していた時間にこれまで通りにやさしく抱いてあげているお母さんやお父さんが多い。

どんなふうに（そしていつ）断乳や卒乳を迎えるのであれ、最後の授乳は（母乳もミルクも）離乳の完了を意味する。今や子供の栄養はすべて家族の食事から摂取され、固形食の最初のひと口で始まった冒険の旅は終わりを告げた。


ジャックについては何もかもとても自然だった。あの子はふたり目だったから、いつから一緒に食べ始めたかなんてまったく気づかなくって――そんなに大したことじゃないし。だから、いつまで母乳を与えればいいかなんてむずかしく考えないで、ジャックに決めさせたわ。だって簡単なことでしょ。食べ物があって、おっぱいもある――欲しいものに手を伸ばせばいいだけのこと。3歳になる頃にはジャックはほとんど母乳を飲まなくなっていた。ある日わたしをじっと見て、ちょっとおっぱいを吸って。それで終わり。それがジャックの最後の母乳。必要なものは手に入れたからおしまい、ってわけね。

——ノエル／ローアン（13歳）とジャック（10歳）のお母さん

あとがき

読者の皆さんが本書を楽しみ、なぜ赤ちゃん主導の離乳（ＢＬＷ）が理にかなった離乳法であるかを理解してくださったとわたしたち著者は信じている。ＢＬＷは赤ちゃんの能力（1歳になるまでに身に付けるほかの能力も含め）の自然な発達に完全に合致していることがわかっていただけただろう。ＢＬＷはお母さんやお父さんと乳幼児とのあいだでありがちな食べ物をめぐる一種のいざこざを防ぐことができ、食事の時間を家族全員にとって楽しいひと時にすることができる。ひと言で言えば、ＢＬＷは食事を本来そうあるべきよろこびに変えることができるのだ。

赤ちゃん主導の離乳は、成長の自然な一段階としても完全に筋が通っている。子供の全般的な発達は、自分で食べる能力において非常に大きな役割を果たす。加えて、家族そろっての食事に子供が積極的に参加して学んだことは、子供の人格や能力を発達させる多くの分野で役に立つだろう。

乳幼児期に食べ物をどんなふうに与えられていたかによって食べ物についての考え方が子供時代に確立され、また成人してからもその影響が続くことを示す研究が増えている。肥満と摂食障害の問題はほぼ毎週のようにニュースになり、その結末は深刻かつ悲惨だ。そうした問題の多くは、食欲をいかに認識し、食欲をいかにコントロールするかというふたつの重要課題のうちのひとつ、あるいは両方に原因がある。このふたつが健全に発達することが赤ちゃん主導の離乳の主眼である。

離乳についてのお母さんやお父さん向けのアドバイスの多くは、３、４か月の赤ちゃんの能力と、赤ちゃんはスプーンで与えられるべきだという思い込みの両方にいまだに基づいている。６か月の赤ちゃんが自然に身に付けている能力（自分で主導して離乳食を食べる）が考慮に入れられることは、まずない。ＢＬＷは、離乳を開始すべき時期について現在わかっていることと、赤ちゃんには６か月に離乳を開始する能力があることを結び付けた。

あなたがお子さんにＢＬＷをさせるにはどうすればいいのか、ＢＬＷを安全かつ楽しいものにするには何をすればいいのか、お子さんの能力が発達するにつれて何が起こりそうなのか――わたしたちは具体的な考えをいくつか提示してきた。

どうかあなたがた親子が幸せな食事の時間をたくさん持てますように。

付録1　ＢＬＷ著者の場合

　赤ちゃん主導の離乳はこれまでもずっと存在していたのだろうが、それがなぜ、どんなふうに機能するのかを理論的に発展させたのが、本書の著者のひとり、ジル・ラプレイだ。[1] ラプレイは20年以上にわたり新生児訪問の保健師としてたくさんの家族と出会い、彼らが赤ちゃんの離乳食の問題で頭を悩ませている姿を見てきた。当時のアドバイスと言えば、「4か月から離乳食をスプーンで食べさせるように」だったが、多くの赤ちゃんはスプーンで食べさせられるのを嫌がったり、食べてもほんの少しだけだったりした。子供に食べさせようと仕方なく無理強いするお母さんやお父さんもいて、赤ちゃんは小さく切った食べ物を喉に詰まらせたり、吐きそうになったりするとよく報告された。食事の時間は、お母さんやお父さんにとっても赤ちゃんにとっても非常にストレスを感じる時間だった。

　赤ちゃんは食べ物そのものではなく、自分にされていることに抵抗しているのではないかとラプレイは考えた。赤ちゃんが6か月未満なら離乳食の開始を少し遅くし、赤ちゃんが6か月以上なら自分で食べるようにうながすという簡単な提案をしてみると、赤ちゃんの行動とお母さんやお父さんのストレスに大きな変化が現れた。要するに、赤ちゃんに食べ物をコントロールさせればいいだけの話だった。そこでラプレイに疑問が生じた。「そもそもわたしたちはなぜそれを赤ちゃんから取り上げたのだろうか?」

ラプレイは修士課程中に、[2] 4か月の赤ちゃん(離乳食を始める際の当時の推奨最低月齢)とそのお母さんやお父さんを少人数募集し、赤ちゃんが自分で食べ物をさわったりつかんだりする機会を与えられたら何をするのかを観察してもらった。どの赤ちゃんも調査当初から最後まで完全母乳だった。調査は赤ちゃんが9か月になったときに終了した。

お母さんやお父さんは食事中は赤ちゃんと一緒に座り、赤ちゃんがさまざまな食べ物を手でつかんだり調べたりするのを好きにさせるように頼まれた。そして赤ちゃんが食べたくなれば、それを食べさせた。さらに2週間ごとに食事中の赤ちゃんを録画し、食べ物に対する赤ちゃんの反応と全般的な発達のようすを日誌に書き留めるように依頼された。

録画と日誌によれば、赤ちゃんは4か月では食べ物をつかむことはできないが、しばらくすると食べ物に手を伸ばすようになった。そして食べ物をつかみ始めたとたん、ほぼ全員がそれを口まで運んだ。5か月頃から食べ物をしゃぶったり噛んだりする赤ちゃんが出てきた。しかし飲み込むことはなかった。どの赤ちゃんも自分がしていることにすっかり夢中になっているように見えた。

6か月半くらいになると、ほとんどすべての赤ちゃんがどうやったら食べ物を口まで運べるかを理解したように見えた。そして1週間あるいは2週間をかけて、明らかに噛む「練習」をしたあとで、飲み込み始めた。徐々に赤ちゃんは食べ物で遊ばなくなり、目的を持って食べるようになった。手と目の協調運動と微細運動能力が発達するにつれて、赤ちゃんはより小さい食べ物をつまめるようになった。

9か月になると、どの赤ちゃんも多種多様な普通の家庭料理を食べるようになった。自分の指を使って食べる赤ちゃんがほとんどだが、なかにはスプーンやフォークをうまく使いはじめる赤ちゃんもいた。赤ちゃんは小さな食べ物なら難なく食べられるようになり、喉に詰まらせて吐きそうになることもほとんどなかった。赤ちゃんは新しい食べ物を進んで食べようとし、食事の時間を楽しんでいるように見えた。

その後ラプレイは博士課程の研究で、[3]赤ちゃんが離乳食に初めて出会ったときのようすを少人数を対象に調査した。調理したブロッコリーをひと房、自由に手でつかんで食べたときの反応と、裏ごししたブロッコリーをスプーンで与えられたときの反応を比較した。明らかになったのは、赤ちゃんにとってこのふたつの出来事はまったく別の経験だったということだ。自分で食べているときは興味津々で夢中になっているが、スプーンで与えられているときは目の前で起きていることをただ避けようとしていた。もうひとつはっきりしたのは、赤ちゃんは食べ物それ自体ではなく、食べ物の与えられ方に反応しているということだ。

ラプレイが独創的な研究をしていたのとほぼ同じ頃、赤ちゃんは6か月までは母乳だけで育てるのが理想的であり、それ以降に母乳と離乳食の併用に徐々に移行すべきであるという調査結果が多数報告された。ラプレイの発見とそれを立証する多くのお母さんやお父さんの話（「ＢＬＷ　わたしの場合」のエピソード）が示唆していることは、普通に健康に育っている赤ちゃんは――どこにでもいる哺乳類の赤ちゃんと同じように――しかるべき月齢になれば固形食を自分で食べる能力を発達させるということだ。さらにラプレイの発見は、赤ちゃんは本能にしたがって自分で食べることを許されれば、はるかに幸せなことも示唆している。

付録2　食品安全のための基本ルール

細菌は食べ物のなかで急速に広がり繁殖するので、赤ちゃんは成人よりも食中毒になる危険性が高い。次の簡単なルールにしたがえば、家族を守ることができるだろう。

1　あなたと家族

・食品を扱う前に両手を石けんでよく洗い、水でしっかり洗い落とす。とりわけゴミ箱をさわったあと、洗剤を使ったあと、ペットやそのマットやボウルに触れたあと、トイレに行ったあとは念入りに洗う。
・あなたが風邪やウィルス性腸炎にかかっていたら、手洗いはとくにていねいにする。
・食べ物を与える前に赤ちゃんの手を低刺激性の石けんで洗い、年長の子供たちには食卓につく前に手を洗うように声をかける。

2　調理器具とその表面

・調理の前後に調理器具とその表面を徹底的にきれいにする。

・まな板と包丁は――とくに肉や魚を調理したときは――使用後、きれいに洗浄する。できればまな板を数枚用意し、生の肉と魚用（調理したものも）、パン用、野菜と果物用とにわけて使用する。生の肉と魚用のまな板は、木製よりもプラスチック製がよい。

3　食品保存

・食品パッケージに記載された保存方法にしたがう。
・冷蔵庫用温度計は、冷蔵庫が十分に冷えているかを確認するのに役立つ。それを冷蔵庫のもっとも冷えている部分（たいていは一番下の段の奥）に置き、定期的に温度をチェックし、温度が0度から5度のあいだになるようにする。これよりも温度が高いと、食品は長くもたないだろう。冷蔵庫を正しい温度に保つためには、扉を必要以上に開けたままにしない。
・冷蔵庫全体の温度が上がってしまうので、熱い食べ物を冷蔵庫に入れない。食品の詰めすぎも温度を上げる原因になる。
・チルド食品や冷凍食品は、購入後できるだけ早く冷蔵庫や冷凍庫にしまう。
・使わないチルド食品や冷凍食品はできるだけ早く冷蔵庫や冷凍庫に戻す。
・冷蔵庫の中の食品が賞味期限切れでないかをチェックし、もし賞味期限の日に近かったらすでに品質に問題がないかをチェックする。
・未調理の生の肉や魚はラップで包んで冷蔵庫の一番下の段にしまう。そうすればほかの食品に触れることも汁が垂れることもない。

・調理後すぐに食べない料理はラップで包んでただちに冷やし、冷たくなりしだい、冷蔵庫か冷凍庫に入れる。この作業は、肉、魚、卵、米の料理にはとくに重要である。どれも室温で急速に繁殖する細菌が含まれている可能性がある。
・果物や野菜に含まれる酸はアルミホイルの金属と反応し、化学物質が食べ物の中に溶け込むという説があるので、そうした食品を包むときはアルミホイルは使わない。
・保存用のビニール袋や包装用ラップを使うときは、食品に使用して問題ないことを確認する。安全かどうかがはっきりしない場合は、食べ物をボウルの中に入れてから袋やラップでボウルをおおう。そうすれば食べ物が直接触れることはない。
・肉類は調理する前にしっかり解凍する。室温よりも冷蔵庫でゆっくり解凍するか、電子レンジですばやく解凍するほうが安全である。

4 調理

・調理する前や食べる前に果物や野菜を洗う。
・食べ物にしっかり火が通っていることを確認する。料理を出す前に、食べ物に十分火が通っていても熱いこと、肉汁が透明であることをチェックする。食品パッケージや料理本に書かれた加熱時間を守り、短縮しないこと。
・オーブンで料理するときは指示された調理温度にしたがい、電子レンジを使うときは取扱説明書にしたがう。

・「ブリティッシュライオン品質」のラベルが貼ってある卵を買う。ラベルのない卵を使うときは、中まで十分に火を通す。
・料理したものは、できるだけすぐにテーブルに出す。温かいままにしておく場合は、63度以上に保たれていることを確認する。その温度に保てない場合は2時間以内に食べるか、冷蔵庫に入れてあとで温めて食べる。これはとくに肉、魚、卵、米などの料理に必要なことである。
・調理したものを温めるのは1度だけにすべきである。そしてテーブルに出す前に中まで十分に火が通ったことを確認する。

謝辞

わたしたちジル・ラプレイとトレーシー・マーケットは、本書の刊行のためにアイデアや経験、コメントや知恵を授けてくれたすべての人にお礼を申し上げたい。とくにジェシカ・フィゲラス、ヘイゼル・ジョーンズ、サム・パダン、ガブリエル・パーマー、マグダ・ザークス、メアリー・スメイル、アリソン・スパイロウ、セーラ・スクワイアズ、キャロル・ウィリアムズ、ジル・レイビンには感謝している。原稿に貴重なコメントをし、鋭い洞察やひらめきや励ましでわたしたちを支えてくれた。

赤ちゃん主導の離乳（ＢＬＷ）のすばらしい物語をわたしたちと分け合ってくれた大勢のお母さんやお父さんに心からの感謝の気持ちを伝えたい。食べ物の存在を知ったときの赤ちゃんのよろこびや驚きを一緒に味わった経験が、わたしたち著者を励ましてくれたように読者の方々をも勇気づけてくれることを願っている。同様に新しい食べ物に挑戦する赤ちゃんの写真――すべてはのせられなかったが――を送ってくださった方々にも深く感謝している。

わたしたちの編集者であるジュリア・ケラウェイ、エマ・オーウェン、ベッキー・アレクサンダーの忍耐強さと寛容さに改めてお礼の言葉を言いたい。

最後に執筆中のわたしたちをつねにサポートしてくれた家族に――原稿に目を通し、写真に必要な技術を教え、子守りをし、紅茶を入れてくれた――感謝の気持ちを伝えたい。とりわけ、わたしたちの夫とパートナーにはいくら感謝してもしきれない。

本書をわたしたちの子供に捧げたい。彼らは今もなお、たくさんのことを教えてくれている。

監訳者あとがき

兵庫県立大学看護学部基礎看護学講座教授　坂下玲子

本書はGill Rapley and Tracey Murkett, *Baby-led Weaning: Helping Your Baby to Love Good Food*, revised and updated version, London, Vermilion, 2008, 2019の全訳である。

本書に出会え、監訳させていただいたことを幸せに思う。それは、わたしたちが１９８０年から40年近くも抱えていた課題を本書が見事に体系化し、その方略を具体的に示してくれたからである。

●わたしたちの研究

「子供の口が変だ！」わたしたちが子供の口の異変に気付いたのは１９８０年頃であった。叢生《そうせい》（次ページ写真）といわれる不正咬合《こうごう》が増加していた。この不正咬合は、歯の大きさと顎骨《がくこつ》の大きさが釣り合わない（歯と顎骨の不調和）ために起こり、歯が並びきらず重なり合っている状態である。この歯と顎骨の不調和は時代とともに増えており、特に戦後は急増していた。[1]

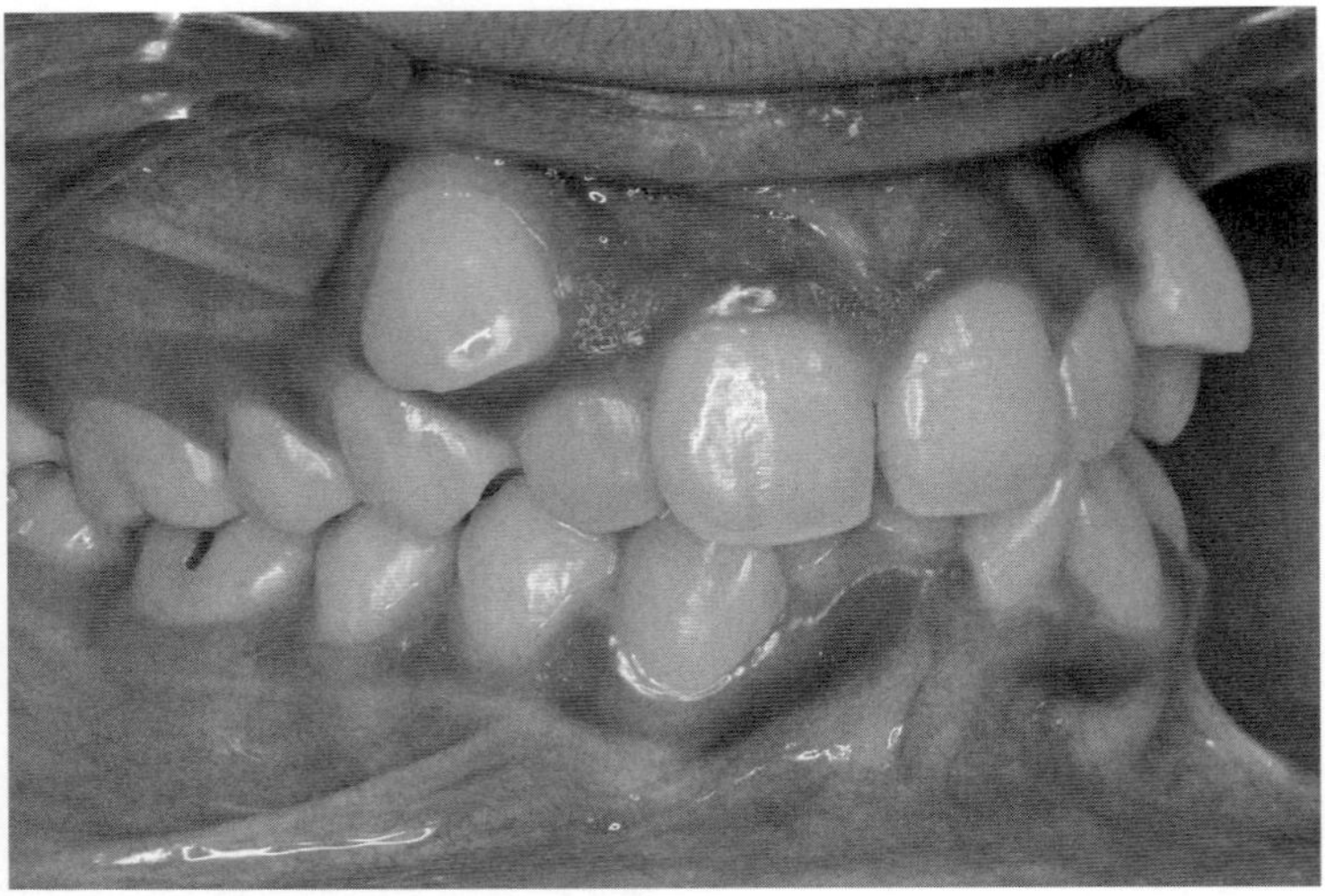

噛む機能も低下傾向にあり、保育所では「かめない子・のみこめない子」といわれ、昼食に出た野菜などの食物がうまく食べられない子供たちに保母さんたちは頭を痛めていた。1980年頃は「虫歯の洪水」といわれた時代だった。そして、虫歯のみならず成人で見られる歯肉炎が乳幼児でも高い頻度でみられた。また顎《がく》関節症（あごの関節の痛み）も小学生からみられた。これらの大きな原因のひとつは食生活であり、よりやわらかく栄養素に富んだ食品が開発され、また人工哺乳やそれに続くペースト状あるいはやわらかい離乳食によって、咀嚼《そしゃく》（噛む）器官が使われなくなったため十分に発達しなくなったと考えられた。[2] それならば、よく口やあごを使うような食生活をすれば健全な発達をうながすことができるのではないかとわたしたちは考えた。それを実証するために、無歯科医地区をフィールドとして8年間食生活改善を中心と

した活動を行い、その後9年間追跡研究を行った。その結果、母乳保育の重要性、手づかみ食べを主とする固形食への移行、生活リズムを整えた食習慣形成の大切さが明らかになった。[3] 一般的に「離乳」と言われる言葉をわたしたちは「固形食への移行」と呼んでいる。乳から離れるという消極的な意味ではなく、食べられるものの範囲を広げていくという積極的な意味をこめ、この言葉を使っている。当時、未来へのメッセージをこめた解説書を依頼され、乳幼児に向けて「伸びる命の君たちへ」と題して巻頭に書いたのが左記である。[4]

日本の大人達は大変やさしいので、子どもの君達に苦労をさせたくない。だから簡単にミルクが出る哺乳瓶を与え、食べやすいものを用意する。でもみんなはお母さんのおっぱいをほおばって、汗をかきかき母乳をのみたいよね。だってそれはお母さんの血だから。家族が食べているものを味わいたいよね。だってそれは皆で力を合わせ用意したものだから。お父さんが食べているスルメに手を伸ばしたいよね。だったら伸ばしていいんだよ。君は君のその手を伸ばし、欲しいものをつかめばいい。誰かが君の手をはたいても。誰かが君の口にスプーンを押し込んでも。君は首を横にふり、その手を伸ばそう。あきらめないで、もう一度。どうか、あきらめないで、もう一度。

赤ちゃんは成長発達すると自然に家族の食事に手を伸ばすようになる。しかし多くの場合それは許してもらえず、スプーンからお行儀よく食べることを強いられる。それを繰り返すと、もはや赤ちゃんは自分から手を伸ばすことをしなくなり、大きくなっても母親がスプーンで食べさせてくれるのを待つようになる。そんな子供たちを大勢みてきた。もちろん、噛む器官や能力も問題なのだが、わたしは意欲という点で心配している。欲しいものに手を伸ばすのか、与えられるのを待つのか、その態度は人生全般に影響を及ぼすように思えてならない。本書の原書 *Baby-Led Weaning* に出会ったとき、我が意を得たりと思った。そして監訳をさせていただくことになり、さらに本書の虜になった。

●自分で食べる！

「自分で食べる」は、生きていく基本である。と同時に、本書はその力が赤ちゃんのときから備わっていることを示している。

本書は「食べる」ということに焦点を絞ってはいるが、それを超えて、「人は自分で生きてゆく力を持っている」という哲学が貫かれているとわたしは思う。泣いて助けを求めることも含めて。そして、自分のことは自身が主権を持つべきだという信念がある。一方で、親は子供を授かって間もなく、「子供の秘めた力を信じられるか」という問いを突きつけられることになる。とくに初めての子供であれば、この先何が起こるのかと少しの変化にもビクビクしている時期であろう。生まれて数か月の子供に食べる主導権を渡す――これは現代の親にとっては勇気のいることだ。また、それは赤ちゃんのペースに合わせることでもあり、最初は忍耐が必要とされる。赤ちゃんは、最初は食べ物をそのようには認識できないので、食べ物で遊びはじめるであろう。あたりに食べ物が散乱し、それは壮絶な光景となる。でもそれは数か月の辛抱だ。

本書は、「なぜ、それができるのか」、いや、むしろ「なぜ、そうしなければならないのか」「どうしたらそれができるのか」ということを多くの事例とともに理論的に説明してくれる。しかしわたしは、論理的に理解するというより、むしろ、うれしそうに輝いている子供たちの表情に、BLWが正しいことを実感してほしいと願う。なぜなら多くの方は、子供が生まれるとわかったときから、本を読み、保健師や助産師の指導を受け、よい親になろうと、よい子に育てようと頭でっかちになり、目の前の赤ちゃんを感じる力が弱まっているかもしれないからだ。新しい食べ物にチャレンジすること、新たな味や世界を知ること、これらは無上の喜びだ。赤ちゃんによいことは赤ちゃんが教えてくれる。その笑顔を信じ、赤ちゃんとともに冒険を楽しもう。その感覚こそが赤ちゃんの力を引き出す原動力になる。

●安全で、楽しく、簡単、そして健康に発達する

多くの方の心配は、「そんなことをして誤嚥《ごえん》や窒息が起きたらどうするの」というものだろう。自分で食べるのは、食べさせてもらうより実は安全である。自分でコントロールできるのだから。本書は、BLWの安全性について、先行研究を示しながらさまざまな角度から検討している。BLWが開始される条件、なぜ生理学的に安全であるかという説明に加え、基本的な安全対策についても詳細に解説されている。スプーンで与えていてもBLWでも、喉にものを詰まらせる事故をゼロにすることは難しいが、スプーンで与えるよりもBLWのほうが食べ物を喉に詰まらせる危険性は

低いという。[5] もちろん食事中は、赤ちゃんから絶対に目を離してはいけない。本書は、どのような時期に、どのような食べ物をどれぐらい提供するかについても具体的かつ詳細に説明している。気をつけなければならない食品は多少あるが、家族の食事をベースに考えればよいので簡単である。また、もしあなたがメタボまっしぐらの食生活をしていて、赤ちゃんにはとても与えられないような食べ物を好んでいるのならば、改善するよい機会であろう。

戦前は、日本でも、本書が推奨する赤ちゃん主導の食事の光景は当たり前にみられていた。しかし、消化器系感染症を防ぐために「離乳食」が推奨され、衛生状況の悪さと食物の物性が混同され、「欧米ふう育児」の導入とともにベビーフードが広まっていった。ベビーフードは食べてはいけないものではないが、なくてもよいものだとわたしは考えている。わたしたちの研究では、手づかみ食べをして育った子供たちは、そうでない子供たちより、より多くの食品を食べられることが示された。[6] そして食べる食品数は、2歳半を過ぎるとあまり増えなくなる。とくに長ネギなど葉野菜などの食品では個人差が大きく、年齢が増しても食べられない子供がいる。[6]

赤ちゃんは、成長発達が進むと家族が食べているものに手を出すようになる。つまり、本来はBLWは自然に始まるものなのである。また、BLWにより、食べ物をつかみ、口に運び、噛むことが刺激となり、視覚と手指の協調運動、口腔機能などの能力は次々と開花していく。このような発達によりBLWは進んでいくのだが、それは全身の成長発達を促進するという「良い循環」をも生みだすのである。

本書を契機に多くの方がBLWを実践し、楽しく安全な食事の時間を持つことを願う。

1 Inoue N, Sahashita R and T.I. Molleson: Comparative Study of Tooth-to-denture-base Discrepancy and Dental Caries in Japanese, British, and Chinese Skeletal Remains. *Anthropological Science*, 106: 67–84, 1986.

2 井上直彦『そしゃく器官の発達と歯科疾患（ＯＨブックス10）』口腔保健協会、２００９年。

3 Sakashita, R., Inoue, N., Kamegai, T.: Can oral health promotion help develop masticatory function and prevent dental caries?, *Community Dental Health*, 23(2): 107–15, 2006.

4 坂下玲子「乳幼児へのメッセージ――伸びる命の君たちへ」『別冊　ザ・クインテッセンス　臨床家のための矯正ＹＥＡＲ ＢＯＯＫ'05』43－47、２００５年。

5 Brown A.: No difference in self-reported frequency of choking between infants introduced to solid foods using a baby-led weaning or traditional spoon-feeding approach. *Journal of Human Nutrition and Dietetics*, 31(4): 496–504, 2018.

6 Sakashita, R.,Inoue, N.,Kamegai, T.: From milk to solids: a reference standard for the transitional eating process in infants and preschool children in Japan, *European Journal of Clinical Nutrition*, 58: 643, 2004.

図版一覧

口絵1ページ（上から下に順に。以下同様）
Photo 1: Chris Carden; Photo 2: Nick Jones; Photo 3: © editoratimo; Photo 4: Anna Bird

口絵2ページ
Photo 1: Janice Milnerwood; Photo 2: Shaun Murkett; Photo 3: Tracey Murkett; Photo 4: John Johnston

口絵3ページ
Photo 1: Samantha Jones; Photo 2: Shaun Murkett; Photo 3: Je-Mai Chisholm; Photo 4: Amber Rowland

口絵4ページ
Photo 1: © editoratimo; Photo 2: Natalie Blechner; Photo 3: © editoratimo

口絵5ページ
Photo 1: Cate Garrett; Photo 2: Emma Brown; Photo 3: Tracey Murkett; Photo 4: © editoratimo

口絵6ページ
Photo 1: Fred Coster; Photo 2: Fred Coster; Photo 3: Natalie Blechner; Photo 4: Amber Rowland

口絵7ページ
Photo 1: Jason Woolfe; Photo 2: Jason Woolfe; Photo 3: Gladys Perrier;（of Perrier Pictures）

口絵8ページ
Photo 1: Jane Kellas; Photo 2: Samantha Jones; Photo 3: Tracey Murkett

参考文献

A. Brown, *Why Starting Solids Matters*, 2017, London: Pinter and Martin.
G. Palmer, *Complementary Feeding: Nutrition, Culture and Politics*, 2011, London: Pinter and Martin.

引用文献と参考文献

引用文献

第1章　赤ちゃん主導の離乳とは何か？

1. *The Compact Oxford English Dictionary*, 3rd edn（Oxford University Press, 2005）
2. *The American Heritage Dictionary of the English Language*, 4th edn（Houghton Mifflin, 2000）
3. WHO/UNICEF, *Global Strategy for Infant and Young Child Feeding*（WHO, Geneva, 2002）
4. G. Rapley, 'Is spoon feeding justified for infants of 6 months? What does the evidence tell us?', *Journal of Health Visiting*, 4: 8（2016）, 414-419
5. G. Rapley, 'Are puréed foods justified for infants of 6 months? What does the evidence tell us?', *Journal of Health Visiting*, 4: 6（2016）, 289-295
6. A. Brown, S. Wyn Jones, H. Rowan, 'Baby-led weaning: The evidence to date', *Current Nutrition Reports*, 6: 2（2017）, 148-156
7. A. Brown, M. Lee, 'Early influences on child satiety responsiveness: The role of weaning style', *Pediatric Obesity*, 10: 1（2015）, 57-66

第2章　赤ちゃん主導の離乳の効果とは？

1. WHO, *Guideline: delayed umbilical cord clamping for improved maternal and infant health and nutrition outcomes*（WHO, Geneva, 2014）
2. L. J. Fangupo, A-L. M. Heath, S. M. Williams, L. W. Erikson Williams, B. J. Morison, E. A. Fleming, B. J. Taylor, B.J. Wheeler, R. W. Taylor, 'A baby-led approach to eating solids and risk of choking', *Pediatrics*, 138: 4（2016）, e20160772
3. C. M. Davis, 'Self-selection of diet by newly weaned infants: an experimental study', *American Journal of Diseases in Childhood*, 36: 4（1928）, 651-79

付録1　BLW　著者の場合

1. G. Rapley（V. H. Moran and F. Dykes, eds）, *Baby-led Weaning in Maternal and Infant Nutrition and Nurture: Controversies and Challenges*, 2nd edn（Quay Books, London, 2013）
2. G. Rapley, 'Can babies initiate and direct the weaning process?' Unpublished MSc, Interprofessional Health and Community Studies（Canterbury Christ Church University, Kent, 2003）
3. G. Rapley, 'Starting solid foods: does the feeding method matter?', *Early Child Development and Care*, 188: 8（2016）, 1109-1123

◎著者
ジル・ラプレイ（Gill Rapley）
イギリスの助産師であり保健師。赤ちゃん主導の離乳（BLW: Baby-led Weaning）の提唱者。授乳と小児の発育を研究。20年以上保健師として勤務しながら，助産師，授乳コンサルタント，母乳育児相談員としても活躍。修士課程中に赤ちゃんが固形食へ移行するためにどのような発達上の準備をしているのかについて研究，「赤ちゃん主導の離乳」を理論として発展させた。その後，親が赤ちゃんに離乳食をスプーンで与える方法と赤ちゃんが自分で手づかみ食べをする方法を比較研究して2015年に博士号を取得。3児の母（3人とも誰の手も借りずに自分で離乳食を食べた）。本書の初版（2008年版）はイギリスで社会現象といえるほど注目され，20か国以上で翻訳出版されている。BLW 関連書籍を多数出版。
トレーシー・マーケット（Tracey Murkett）
ライター，ジャーナリスト，母乳育児相談員。ジル・ラプレイとのコンビで BLW 関連書籍を多数出版。

◎監訳者
坂下玲子（さかした・れいこ）
兵庫県立大学看護学部基礎看護学講座教授。昭和60年，東京大学医学部保健学科卒業。看護師・保健師免許取得。平成2年，東京大学大学院医学系研究科保健学専攻博士課程修了（保健学博士）。鹿児島大学歯学部助手，兵庫県立看護大学（平成16年に兵庫県立大学へ統合）助教授を経て，平成17年，兵庫県立大学教授。現在に至る。同大学臨床看護研究支援センター長，大学院看護学研究科長，看護学部長。日本看護質評価改善機構理事。

◎訳者
築地誠子（つきじ・せいこ）
翻訳家。東京外国語大学卒業。訳書に『紅茶スパイ』（サラ・ローズ著，原書房），『プーチンの国』（アン・ギャレルズ著，原書房），『ヒトの変異』（アルマン・マリー・ルロワ書，みすず書房）などがある。

◎協力
山田翔
たけのやま歯科（愛知県日進市）院長。日本 BLW 協会理事。
日本 BLW 協会ウェブサイト https://babyledweaning.or.jp/

「自分《じぶん》で食《た》べる！」が食《た》べる力《ちから》を育《そだ》てる
赤《あか》ちゃん主導《しゅどう》の離《り》乳《にゅう》（BLW《ビーエルダブリュー》）入門《にゅうもん》

2019年 11 月 27日　第1刷
2023年 8 月 10日　第5刷

著者………ジル・ラプレイ，トレーシー・マーケット
監訳………坂下玲子《さかしたれいこ》
訳者………築地誠子《つきじせいこ》
装幀………佐々木正見
協力………山田翔
発行者………成瀬雅人
発行所………株式会社原書房
〒160-0022　東京都新宿区新宿1-25-13
電話・代表03(3354)0685
振替・00150-6-151594
http://www.harashobo.co.jp

印刷………新灯印刷株式会社
製本………東京美術紙工協業組合

ISBN978-4-562-05705-4 Printed in Japan

BLW（赤ちゃん主導の離乳）をはじめよう！
日本BLW協会著

固形食を手づかみで食べ、自然に口と歯、そして全身の発達をうながす離乳法、BLWがいま注目されています。正しく安全に始める方法、具体的な食材の知識ほか、BLWの基本を多くのイラストを使っていていねいに解説します。　1600円

風味は不思議　多感覚と「おいしい」の科学
ボブ・ホルムズ著　堤理華訳

「おいしい」とはなんだろう？　人は味覚と嗅覚だけでなく触覚、聴覚、視覚、それに痛覚他も総動員して「風味」を感じている。風味と脳／遺伝／食欲／料理…最新の研究でわかってきた不思議で魅力的な風味の世界を平易に解説。　2200円

人類は噛んで進化した　歯と食性の謎を巡る古人類学の発見
ピーター・S・アンガー著　河合信和訳

巨大な大臼歯を持つ早期ヒト族は何を食べていたのだろう。歯と顎、咀嚼に注目して人類進化を解明しようとした著者は、歯の摩耗痕や骨の炭素同位体比などを追及するうち、従来の見方を覆す衝撃の復元像に導かれる。　3000円

図説 世界史を変えた50の食物
ビル・プライス著　井上廣美訳

有史以来、人間は食卓を彩るさまざまな食物を生み出してきた。現代文明の発展に大きな影響を及ぼした食物を紹介する魅力的で美しい案内書。この美食の旅は、大昔の狩猟採集時代にはじまって、未来の遺伝子組み換え食品にまでおよぶ。砂糖が大西洋の奴隷貿易をどのように助長したのかなど、新たな発見がある一冊。　2800円

発酵食品の歴史　ビール、パン、ヨーグルトから最新科学まで
クリスティーン・ボームガースバー著　井上廣美訳

美味だが危険？　人間はいかに発酵食を発見し、付きあい、その謎を解き、産業として成立させてきたか。酒、パン、野菜、乳製品、ソーセージ等を中心に世界各地の発酵食の歴史をたどる。最新の微生物叢研究にもふれる。図版多数。　2500円

（価格は税別）

ウイスキーの歴史 《「食」の図書館》

ケビン・R・コザー／神長倉伸義訳

ウイスキーは酒であると同時に、政治であり、経済であり、文化である。起源や造り方をはじめ、厳しい取り締まりや戦争などの危機を何度もはねとばし、誇り高い文化にまでなった奇跡の飲み物の歴史を描く。　２０００円

豚肉の歴史 《「食」の図書館》

キャサリン・M・ロジャーズ／伊藤綺訳

古代ローマ人も愛した、安くておいしい「肉の優等生」豚肉。豚肉と人間の豊かな歴史を、偏見／タブー、労働者などの視点も交えながら描く。世界の豚肉料理、ハム他の加工品、現代の豚肉産業なども詳述。　２０００円

サンドイッチの歴史 《「食」の図書館》

ビー・ウィルソン／月谷真紀訳

簡単なのに奥が深い…サンドイッチの驚きの歴史！「サンドイッチ伯爵が発明」説を検証する、鉄道・ピクニックとの深い関係、サンドイッチ高層建築化問題、日本の総菜パン文化ほか、楽しいエピソード満載。　２０００円

ピザの歴史 《「食」の図書館》

キャロル・ヘルストスキー／田口未和訳

イタリア移民とアメリカへ渡って以降、各地の食文化に合わせて世界中に広まったピザ。本物のピザとはなに？世界中で愛されるようになった理由は？　シンプルに見えて実は複雑なピザの魅力を歴史から探る。　２０００円

パイナップルの歴史 《「食」の図書館》

カオリ・オコナー／大久保庸子訳

コロンブスが持ち帰り、珍しさと栽培の難しさから「王の果実」とも言われたパイナップル。超高級品、安価な缶詰、トロピカルな飲み物など、イメージを次々に変えて世界中を魅了してきた果物の驚きの歴史。　２０００円

（価格は税別）

リンゴの歴史《「食」の図書館》

エリカ・ジャニク著　甲斐理恵子訳

エデンの園、白雪姫、重力の発見、パソコン…人類最初の栽培果樹であり、人間の想像力の源でもあるリンゴの驚きの歴史。原産地と栽培、神話と伝承、リンゴ酒（シードル）、大量生産の功と罪などを解説。　２０００円

ワインの歴史《「食」の図書館》

マルク・ミロン著　竹田円訳

なぜワインは世界中で飲まれるようになったのか？　8千年前のコーカサス地方の酒がたどった複雑で謎めいた歴史を豊富な逸話と共に語る。ヨーロッパからインド／中国まで、世界中のワインの話題を満載。　２０００円

モツの歴史《「食」の図書館》

ニーナ・エドワーズ著　露久保由美子訳

古今東西、人間はモツ（臓物以外も含む）をどのように食べ、位置づけてきたのか。宗教との深い関係、高級食材でもあり貧者の食べ物でもあるという二面性、食料以外の用途など、幅広い話題を取りあげる。　２０００円

砂糖の歴史《「食」の図書館》

アンドルー・Ｆ・スミス著　手嶋由美子訳

紀元前八千年に誕生したものの、多くの人が口にするようになったのはこの数百年にすぎない砂糖。急速な普及の背景にある植民地政策や奴隷制度等の負の歴史もふまえ、人類を魅了してきた砂糖の歴史を描く。　２０００円

オリーブの歴史《「食」の図書館》

ファブリーツィア・ランツァ著　伊藤綺訳

文明の曙の時代から栽培され、多くの伝説・宗教で重要な役割を担ってきたオリーブ。神話や文化との深い関係、栽培・搾油・保存の歴史、新大陸への伝播等を概観、また地中海式ダイエットについてもふれる。　２２００円

（価格は税別）

ソースの歴史　《「食」の図書館》
メアリアン・テブン著　伊藤はるみ訳
高級フランス料理からエスニック料理、B級ソースまで…世界中のソースを大研究！　実は難しいソースの定義、進化と伝播の歴史、各国ソースのお国柄、「うま味」の秘密、未来のソース等など、ソースの歴史を楽しくたどる。レシピ付。２２００円

水の歴史　《「食」の図書館》
イアン・ミラー著　甲斐理恵子訳
安全な飲み水の歴史は実は短い。いや、飲めない地域は今も多い。不純物を除去、配管・運搬し、酒や炭酸水として飲み、高級商品にもする…古代から最新事情まで、水の意外な歴史を描く。世界のフレーバーウォーターのレシピ付。２２００円

ケーキの歴史物語　《お菓子の図書館》
ニコラ・ハンブル著　堤理華訳
ケーキって、いつ頃どこで生まれた？　フランスのケーキは豪華でイギリスのケーキが地味なのはなぜ？　ケーキの始まり、作り方と食べ方の変遷、文化や社会との意外な関係など、実は奥が深いケーキの歴史を楽しく説き明かす。２０００円

パイの歴史物語　《お菓子の図書館》
ジャネット・クラークソン著　竹田円訳
サクサクのパイは、昔は中身を保存・運搬するただの入れ物だった!?　中身を真空パックする実用料理だったパイが、芸術的なまでに進化する驚きの歴史。パイにこめられた庶民の知恵と工夫をお読みあれ。写真豊富。フルカラー。２０００円

パンケーキの歴史物語　《お菓子の図書館》
ケン・アルバーラ著　関根光宏訳
甘くてしょっぱくて、素朴でゴージャス。変幻自在なパンケーキの意外に奥深い歴史。あっと驚く作り方・食べ方から、社会や文化、芸術との関係まで、楽しいエピソード満載。もちろん日本の「あれ」も載ってます。レシピ集付き。２０００円

（価格は税別）